딴생각의 힘

The Wandering Mind
What the Brain Does When You're Not Looking

딴생각의 힘

The Wandering Mind
What the Brain Does
When You're Not Looking

집중 강박에 시달리는
현대인에게 전하는
멍때림과 딴생각의 위력

마이클 코벌리스 지음
강유리 옮김

플루토

머리말

가만 있어보자. 무슨 얘기를 하고 있었더라?

아, 그렇지. '멍때림'이었다.

우리 집사람은 초등학교 때 말을 탄 자기 모습을 상상하며 멍하니 창밖을 바라보다가 회초리를 맞은 적이 있다고 한다. 집사람 말로는 남자아이들도 곧잘 창밖을 바라봤지만 그런 이유로 벌을 받은 적이 없다고 한다. 아마도 남자아이들이란 집중력이란 전혀 없는 구제불능의 존재로 여겨졌기 때문이었으리라.

어른들도 멍하니 '딴생각'에 빠져 있느라 집중을 못하면 죄책감을 느끼곤 한다. 가장 대표적인 경우는 누군가를 만나 대화를 할 때나. "죄송하지만 방금 뭐라고 하셨죠?"라고 되묻고는 민망해하는 경우가 허다하지 않은가? 어린 시절의 안 좋은 경험 때문인지 많은 사람들이 멍때리거나 딴생각하는 습관을 개인의 결함으로 치부하는 경향이 있다.

한 친구는 최근 나에게 자신이 회의에 도통 집중하지 못하는 이유를 좀 설명해달라고 하소연했다. 마치 오직 자신만이 그런 잘못을 저지르고 있는 사람이라는 듯이. 나는 틀림없이 다른 사람들도 자네 못지않게 딴생각을 하고 있을 테니 너무 걱정하지 말라고 말해주었다.

연구결과에 따르면 우리의 정신은 낮 시간의 절반 가량은 집중력을 흐트러뜨린 채 방랑한다고 한다. 뿐만 아니다. 밤이 되어 잠든 동안에도 우리의 정신은 외부세계에 알려져 있지 않은, 그리고 대개는 자신도 모르는 꿈속으로 방랑을 한다. 따라서 나는 우리 모두를 위해, 특히 나의 동료교수들을 위해 멍때림과 딴생각을 변호할 의무감을 느낀다.

교사와 부모들에게는 짜증스러운 일이겠으나, 우리의 정신은 생물학적으로 집중상태와 방랑상태를 왔다갔다하도록 타고났다. 그러므로 멍때림과 딴생각이 그렇게 나쁘기만 할 리는 없다. 어쩌면 멍때림과 딴생각은 집중적인 활동으로부터 뇌의 회복을 돕기 위한 휴식과 긴장완화 도구일 수도 있다. 아니면 우리의 지리멸렬한 일상에 약간의 즐거움을 덧입히기 위한 배려일 수도 있고. 그러나 반드시 그 이상의 이유가 있을 것이다. 이 책에서 나는 멍때림과 딴생각 등 어디에도 집중하지 않고 이리저리 떠돌아다니는 정신의 방랑에 여러 가지 건설적인 기능이 있고, 우리의 진화과정에서 적응을 위해 필요했다는 주장을 펼칠 것이다. 아닌 게 아니라 정신의 방랑은 우리에게 없어서는 안 될 기능일지도 모른다.

우리는 시간을 앞뒤로 거슬러 정처 없이 방랑하면서 과거의 경험을 바탕으로 미래를 계획하고 자기 존재의 연속성을 찾는다. 이러한 정신의 시간여행도 멍때림과 딴생각의 일종이다. 우리의 정신은 목적지 없이 떠돌면서 타인의 입장에 서보기도 하고, 이를 통해 공감능력과 사회적 이해력을 높인다. 정신의 방랑으로 우리는 새로운 것을 발명하고, 이야기를 들려주고, 정신적 지평을 확장한다. 정신의 방랑은 창조의 바탕이다. 구름처럼 외로이 방황하던 워즈워스가 그랬고, 빛의 속도로 여행하는 자기 모습을 상상했던 아인슈타인도 그랬다.

이 책에서 나는 멍때림과 딴생각처럼 어느 한곳에 집중하지 않은 채이곳저곳을 떠도는 방랑하는 정신상태의 다양한 언덕과 계곡을 거닐 것이다. 아홉 개 장은 따로 떼어 읽을 수도 있지만 어느 정도 순차성이 있도록 집필되었다. 나는 주제가 주제인 만큼 이따금 딴 길로 새는 걸 스스로 허용했다. 또한 정신적 방랑의 모든 측면을 빠짐없이 다룬다고 주장하지도 않겠다. 어쨌든 우리의 생각은 모두 각기 다른 방향으로 방랑하게 마련이니까.

고마움을 전할 사람들이 많다. 우선, 내 아내 바버라 코벌리스는 앞에서 소개한 일화를 제공했다. 우리 두 사람은 종종 정신적 방랑을 함께 해왔다. 아들 폴과 팀, 그리고 손녀 시몬, 레나, 나타샤는 내 정신이 방랑할 장소를 더 많이 제공해준 것을 포함해 여러 가지로 이 책에 기여했다. 많은 동료들 가운데서도 도나 로즈 아디스, 마이클 아르비브, 브라이언 보이드, 딕 번, 수잔 코킨, 피트 도우릭, 러셀 그레이, 아담 켄든, 이언 커크, 크리스 맥매너스, 제니 오그던, 마시아스 오스베스, 데이비드 레디시, 자코모 리졸라티, 앤 러슨, 엔델 털빙에게 감사하지 않을 수 없다. 책의 초고에 유익하고 건설적인 의견을 제공해준 토머스 서던도프에게 특별한 감사를 전한다.

마지막으로 내게 용기를 북돋아주고 나를 믿어준 오클랜드대학 출판부의 샘 엘위디와 편집팀에게 감사한다. 특히 꼼꼼히 읽고 다듬어 여러모로 나은 원고를 만들어준 담당 편집자 마이크 왜그에게 큰 신세를 졌다.

아직 이 글을 읽고 있다면 이제 책장을 넘겨주시기 바란다.

차례

머리말 — 4

1장 멍때림과 딴생각이 시간낭비라고? — 13
디폴트 모드 네트워크, 우리가 딴생각 중일 때 일하는 뇌 — 18
딴생각은 정말 시간낭비일까? — 23

2장 기억, 딴생각은 어디에서 오는가? — 31
과거에 닿을 수 없는 기억상실 — 38
머릿속이 꽉 차버린 초기억능력 — 45
스스로도 속아넘어가는 거짓기억 — 51

3장 딴생각이 닿을 수 있는 끝과 끝은 어디인가? — 61
정신의 시간여행, 최고의 문제해결법 — 61
정신의 시간여행은 인간만의 고유한 특성일까? — 71

4장 무엇이 우리를 딴생각으로 이끄는가? — 83
해마 없이 우리는 딴생각에 빠질 수 있을까? — 85
실험쥐 '월터 래티'의 은밀한 생활 — 91

5장 우리는 어떻게 타인과 공감하는가? — 103
다른 사람은 무슨 생각을 하고 있을까? — 109
동물은 마음을 읽을 수 있을까? — 119

6장 이야기는 어떻게 인간다움을 만드는가? ─ 131

몸짓에서 음성으로 ─ 138
문화를 만든 이야기 ─ 146
범죄소설, 딴생각의 색다른 가이드 ─ 153
이야기의 힘 ─ 157

7장 꿈과 무의식 속에서 우리의 정신이 찾아내는 것은? ─ 163

무의식의 분석가, 프로이트 ─ 172
꿈속에서의 위협 시뮬레이션 ─ 175
잠잘 때 일어나는 정신의 재정비 ─ 180

8장 우리의 정신은 어떻게 환각 속에서 독특한 세계를 만들어내는가? ─ 187

좌뇌/우뇌에 대한 환상 ─ 191
환각 유도하기 ─ 195
잃어버린 감각을 대체하는 환각 ─ 199
환각제, 환각으로 가는 가장 빠른 방법 ─ 204

9장 멍때림과 딴생각이 창의성의 창을 연다 ─ 213

창의성의 근원은 우뇌일까? ─ 216
세상을 만드는 우연의 연속 ─ 223

참고자료 ─ 236

1장

멍때림과 딴생각이
시간낭비라고?

"그대로 돌파한다!"

중령의 목소리는 마치 살얼음판 깨지는 소리 같았다. 중령은 해군 정복을 갖춰 입고 두꺼운 금테가 달린 흰 모자를 쓰고 있었는데, 비스듬히 눌러쓴 모자 아래로 중령의 잿빛 외눈이 차갑게 빛났다.

"아무래도 안 될 것 같습니다. 함장님. 허리케인 때문에 성공하기 어렵습니다."

"자네 의견을 묻고 있는 게 아니네, 버그 중위! 자, 탐조등을 켜고 엔진 회전속도를 8,500까지 올린다! 우리는 그대로 돌파한다!"

엔진 소리가 커졌다. 칙-칙-폭-폭- 중령은 조종실 유리에 성에가 끼는 것을 응시하더니 조종장치 쪽으로 다가가 복잡해 보이는 다이얼들을 돌렸다.

"보조엔진 8번 가동!"

중령이 외쳤다.

"보조엔진 8번 가동!"

버그 중위가 복창했다.

"회전포탑 3번 전력 가동!"

"회전포탑 3번 전력 가동!"

8기통 엔진을 달고 질주하는 거대한 해군 수상기 모함에서 각자의 역할에 분주한 사병들이 서로 마주보며 씨익 웃는다.

"저 양반이 해낼 거야."

"저 양반은 지옥도 두려워하지 않으니까!"

…

"속도가 너무 빠르잖아! 당신, 차를 너무 빨리 몰고 있다고!"

미티 부인이 소리를 질렀다.

"차를 왜 그렇게 빨리 모는 거야?"

제임스 서버의 단편 《월터 미티의 은밀한 생활The Secret Life of Walter Mitty》은 이렇게 시작된다. 1939년 잡지 《더 뉴요커》를 통해 처음 발표된 이 소설은 1947년 대니 케이Danny Kaye 주연의 영화로 만들어졌다. 얼마 전 리메이크된 작품 〈월터의 상상은 현실이 된다〉에서는 벤 스틸러가 주연을 맡았다. 미티는 전형적인 몽상가다. 물론 그는 소설 속 인물이므로 미티도 그의 상상도 사실은 제임스 서버가 펼친 딴생각의 결과물이다. 딴생각은 교통사고의 빌미를 제공하기도 하지만 이렇게 소설의 원천이 되기도 한다.

영국 체임버스 영어사전은 '방랑wandering'을 몇 가지로 정의하고 있는데, 내가 제일 마음에 들어 하는 정의는 다음과 같다.

> wander 엇나가다. 올바른 길이나 경로, 논의의 주제, 주목의 대상으로부터 이탈하다.[1]

이 정의에 따르면 우리는 물리적으로만이 아니라 정신적으로도 방랑할 수 있다. 강의를 듣거나 회의에 참석하거나 운전 중일 때처럼 무언가에 집중해야 할 때마다 딴생각은 우리를 괴롭힌다. 책을 좀 읽어보려고 할 때도 불쑥 떠오르기는 마찬가지다. 캘리포니아대학 샌타바버라의 조너선 스쿨러Jonathan Schooler 교수와 동료들은 학생들에게 톨스토이의 《전쟁과 평화》 앞부분을 45분 동안 읽게 하고 자신이 '멍해졌다고' 느낄 때마다 버튼을 누르게 했다. 학생들은 평균 5.4회 버튼을 눌렀다. 아울러 임의의 간격으로 여섯 차례 학생들의 독서를 방해해 그 순간 자신도 모르게 딴생각을 하고 있지는 않았는지 확인하도록 했다. 그러자 평균 1.2회가 추가되었다. 그러니까 당신만 그런 게 아니다. 모두가 집중력을 유지하는 데 어려움을 느낀다니 내심 마음이 놓이지 않는가? 희한하게도 이 증상은 읽어야 할 책에 집중하려 하거나 강의에

---

1 독일어의 wandern은 '올바른 길에서 이탈한다'는 뜻을 담고 있지 않고, 단순히 '걷는다'는 의미라고 한다. 독일이 훌륭한 문학과 예술적 전통을 지닌 나라인 걸 보면, 독일인도 이 책에서 의도한 의미처럼 정신적 방랑을 할 수 있다고 봐도 무방하다.

귀 기울이려 할 때 더 심해지는 것 같다.

자, 그러면 이제 다시 집중해보자.

딴생각은 그다지 바쁘지 않을 때조차 불현듯 찾아든다. 장거리비행 중에 잠을 이루지 못해 곤란했던 경험이 있을 것이다. 웬일인지 정신은 말똥말똥해지고 오만 가지 잡생각과 걱정거리가 끓어오른다. 최근에 벌어진 어떤 심기 불편한 사건을 곱씹어보기도 하고, 앞으로 있을 강의 때문에 초조한 마음이 들기도 한다. 물론 기분 좋은 딴생각들도 있다. 곧 있을 연인이나 친구, 가족과의 모임에 마음이 설렌다든지, 얼마 전 승진으로 들뜬 기분을 만끽하고 있는 경우처럼 말이다. 또는 생각의 소용돌이에 휘말려 똑같은 생각이 계속 맴돌 때도 있다.

종종 어떤 멜로디나 CM송이 머리에서 떠나지 않을 때가 있다. 이를 가리켜 '스틱송stuck song 현상'이라 하고, 짜증을 돋우는 그 광고음악을 '귓속벌레'라고 부른다. 문제는 이 귓속벌레를 어떻게 없애느냐. 한 가지 방법은 다른 사람에게 떠넘기기다. 1876년에 발표된 단편소설 《문학적 악몽A Literary Nightmare》에서 마크 트웨인은 바이러스처럼 며칠 동안 머릿속을 맴도는 광고음악에 대해 이야기한다. 급기야 그는 목사인 친구와 산책을 나갔다가 의도치 않게 그 가락을 친구에게 감염시키고 만다. 트웨인이 나중에 다시 그 목사 친구와 마주쳤을 때 친구는 괴로움에 시달리고 있었다. 그 음악이 친구의 생각과 행동을 완선히 장악한 것은 물론, 교회 신도들까지도 그 리듬에 맞춰 몸을 흔들기 시작한 것이다. 트웨인은 친구를 가엾게 여겨 그가 한 무리의 대학생들에게 그 음악을 떠넘길 수 있도록 도와준다.

문제의 그 광고음악은 원래 전차요금을 안내하는 표지판의 문구였는데, 귀에 착 감기는 멜로디를 붙여 짤막한 노래로 만들어졌다. 가사는 다음과 같다. (감염되고 싶지 않다면 건너뛰어도 좋다.)

Conductor, when you receive a fare,

차장님, 요금을 받을 때는

Punch in the presence of the passenjare!

승객이 보는 앞에서 펀치하세요!

A blue trip slip for an eight-cent fare,

파란색 승차권은 8센트짜리

A buff trip slip for a six-cent fare,

담황색 승차권은 6센트짜리

A pink trip slip for a three-cent fare,

분홍색 승차권은 3센트짜리

Punch in the presence of the passenjare!

승객이 보는 앞에서 펀치하세요!

(합창)

Punch brothers! Punch with care!

펀치하세요, 오빠들! 조심해서 펀치하세요!

Punch in the presence of the passenjare!

승객이 보는 앞에서 펀치하세요!

이 광고음악은 여기서 그치지 않고 대중문화로 전파되었다. 처음에는 보스턴, 특히 하버드대학생들 사이에서였고, 그 다음에는 더욱 널리 퍼졌다. 심지어는 프랑스어와 라틴어로도 번역되었다. 동화책 작가 로버트 맥클로스키Robert McCloskey는 호머 프라이스 시리즈의 하나인《파이와 펀치Pie and Punch and You-Know-Whats》에서 집요하게 귓가에 맴도는 다른 광고음악에 대한 치료방법으로 이 음악을 사용했다. 1972년에는 'Third Rail(써드 레일)'이라는 도널드 소신Donald Sosin의 연작곡에 가사로 사용되었고, 미국의 몇몇 공연장에서 연주되기도 했다. 이 광고음악은 분명 짜증스러운 또 다른 광고음악이 그 자리를 대신하면서 대중들의 머릿속에서 사라졌을 것이다. 대체한 다른 광고음악이 무엇인지는 여기서 언급하지 않는 게 좋겠다. 듣는 순간 당신의 뇌리에 달라붙어 떠나지 않으면 곤란할 테니까.

디폴트 모드 네트워크,
우리가 딴생각 중일 때 일하는 뇌

우리가 딴생각 중일 때, 즉 당장 해야 할 과제에 집중하지 않고 이리저리 방랑하고 있을 때에도 뇌는 활성화된 상태를 유지한다. 한스 베르거Hans Berger라는 독일 의사가 말에서 떨어져 길바닥에 처박히게 된 사고가 계기가 되어 이에 대해 처음으로 생각해보게 되었다. 신경과학의 미래를 위해서는 다행스럽게도 그는 부상을 면했지만, 수킬로미

그러니까 당신만 그런 게 아니다.
모두가 **집중력**을 유지하는 데 어려움을 느낀다니
내심 마음이 놓이지 않는가?

터 떨어진 집에 있던 누이는 그가 위험에 빠진 것을 감지하고 아버지께 연락해보기를 부탁드렸다. 베르거는 이것이 텔레파시의 증거라 여겼다. 텔레파시가 어떤 '심령에너지'의 물리적 전달에 근거하며, 이를 측정할 수도 있겠다고 생각했다. 1924년 그는 이 가설을 검증해보기로 결심하고 두피 안쪽에 두 개의 전극을 넣고 그 사이에서 벌어지는 전기활동을 기록했다. 하나는 머리 앞쪽, 다른 하나는 뒤쪽이었다. 아니나 다를까 전극에는 전기활동이 포착되었다. 하지만 이를 텔레파시의 근거로 내세우기에는 너무 미약했다.

이 기법은 뇌파검사electro-encephalography, EEG라는 이름으로 알려지게 되었다. 피험자가 눈을 감고 휴식을 취하는 상태에서 뇌파는 초당 8~13헤르쯔Hz의 주파수를 나타냈다. 당시에는 '베르거파'라고 알려진 이 파동을 최근에는 '알파α파'라고 부른다. 눈을 뜬 상태에서는 이보다 빠른 '베타β파'가 알파파를 억누른다. 후에 뇌전도 측정 기술의 발달로 두피 표면에 여러 개의 전극을 붙이고 뇌의 어느 부분에서 활동이 이루어지고 있는지 정보를 얻을 수 있게 되었다.

이후 뇌의 활동을 입증하기 위한 더 나은 기법들이 개발되었다. 1970년대 스웨덴의 생리학자 다비드 H. 잉바르David H. Ingvar는 덴마크 과학자 닐스 A. 라센Niels A. Lassen과 함께 혈류에 방사성 물질을 주입하고 외부 모니터를 통해 뇌 속에서의 그 경로를 추적했다. 혈액은 신경활동이 활발한 지역으로 쏠리는데, 휴식상태에서는 전두부에서의 활동이 특히 활발해지는 것으로 나타났다. 잉바르는 이 현상이 '무지향적, 즉흥적, 의식적 정신작용'의 표현이라고 설명했다. 쉽게 말해, 딴생각을 한다는 뜻이다.

그때부터 혈류를 추적하고 뇌의 상세한 해부학적 이미지 위에 그 추적결과를 겹쳐서 표현하는 정교한 방법이 점점 더 발전해 훨씬 정밀한 지도들이 등장했다. 그 가운데 양전자단층촬영PET 기법은 혈류에 방사성 물질을 주입한다는 점에서 잉바르의 기법과 유사하고, 기능적 자기공명영상fMRI 기법은 강한 자기를 사용해 혈액이 운반하는 헤모글로빈을 감지하므로 덜 침습적이다. 두 경우 모두 혈액의 움직임을 뇌 구조의 이미지 위에 덮어씌운다. 이러한 기법들은 뇌의 병리를 조사하기 위한 임상연구에서 사용되지만, 특히 fMRI는 일반인 자원자들을 대상으로 읽기, 얼굴 인식, 머릿속으로 사물 회전시키기와 같이 간단한 정신적 과제에 관여하는 뇌신경망의 지도를 만들 때 점점 더 많이 사용되고 있다.

이러한 기법들을 통해 우리는 어떤 과제를 수행 중이거나 수행하지 않을 때 뇌의 어느 부분이 활성상태인지 알 수 있게 되었다. 처음에는 특정 작업과 상관 없는 부분에서 나타나는 움직임을 마치 낡은 라디오의 잡음처럼 단순히 신경의 배경잡음에 불과한 것으로 여겼다. 그래서 단어읽기 같은 작업과제와 관계되는 뇌활동을 연구할 때, 학자들은 뇌가 과제 수행으로 분주할 때의 신경신호에서 뇌가 쉬고 있을 때의 신경신호를 단순히 빼면 된다고 생각했다. 하지만 알고 보니 쉬고 있는 뇌로 들어가는 혈류량은 바쁜 뇌로 들어가는 혈류량보다 5~10퍼센트 정도밖에 적지 않았고, 뇌가 쉬는 동안 활성화된 뇌영역은 과제 수행에 관여하는 동안에 비해 오히려 더 넓어졌다.

쉰다고 여겨진 동안 활성화되는 뇌영역은 '디폴트 모드 네트워크 default-mode network'라는 이름으로 알려지게 되었다. 2001년에 이 용어를 처음 만든 사람은 미국 세인트루이스 워싱턴대학의 신경과학자 마커스 라이클Marcus Raichle이다. 그는 내게 보낸 편지에서 '좋은 건지 나쁜 건지 모르겠지만, 놀랍게도 그것(디폴트 모드 네트워크를 가리킨다 - 옮긴이)은 스스로 알아서 움직였다'고 적었다.

디폴트 모드 네트워크는 뇌의 넓은 영역을 아우른다. 대체로 주변을 인식하거나 이에 반응하는 것과 직접 연관되지 않는 영역들이다. 뇌는 어찌 보면 조그만 마을과도 같다. 마을사람들은 그냥 서성거리기도 하고 자기 볼 일을 보기도 하다가 축구경기 같은 큰 행사라도 벌어지면 우르르 경기장으로 모여들고, 마을의 나머지 부분은 조용해진다. 몇 사람이 외부에서 들어와 인구가 약간 늘기도 한다. 그런데 여기서 우리가 관심을 가져야 할 부분은 축구경기가 아니다. 그보다 마을 안에서 이루어지는 크고 작은 활동, 돈과 물건이 오가는 상거래, 때로는 자기 동네와 일터에서 한가로이 거니는 사람들의 움직임에 주목해야 한다. 뇌에서도 똑같은 일이 벌어지고 있기 때문이다. 우리가 특정 사건에 집중하고 있지 않을 때 뇌는 방랑을 한다.

의식의 통제 아래에서 일부러 과거의 기억을 재현하거나 앞으로의 활동을 계획할 때도 우리의 정신은 방랑한다. 반면 꿈을 꾸거나 환각을 겪을 때처럼 자신도 모르게 방랑하기도 한다. 꿈이나 환각은 우리가 원하든 원치 않든 무작정 일어나는 현상이다. 그런데 둘 중간쯤에 위치하는 방랑도 있다. 어떤 문제를 놓고 고민하거나 아리송한 십자말

22

풀이를 하다가 다른 생각이 끼어드는 경우를 예로 들 수 있다. 그래서 인지 미국의 코미디언 스티븐 라이트Steven Wright는 이렇게 불평했다.

"나는 몽상에 빠지려고 했는데 계속 딴생각이 나더라고."

딴생각과 집중상태는 끊임없이 서로 실랑이를 벌인다. 일본의 연구 진들이 한 실험에서 참가자들에게 비디오를 보여주고 뇌활동을 기록 했다. 대부분의 시간 동안 집중에 관여하는 뇌영역이 활발한 상태였지 만 줄거리의 흐름상 자연스럽게 쉴 틈이 생길 때마다 사람들은 눈을 깜박였고 그때마다 뇌활동이 잠깐씩 디폴트 모드 네트워크로 바뀌었 다. 실제로 사람들은 비디오처럼 뭔가에 집중해야 할 때, 뻑뻑한 눈을 매끄럽게 만드는 데 필요한 수준 이상으로 더 자주 눈을 깜박인다. 이 는 그 사람이 줄거리에 집중하지 않고 있다는 신호다.

딴생각은 정말 시간낭비일까?

딴생각이 우리에게 유익하지 않으며, 오히려 딴생각 때문에 우리가 불행해진다고까지 주장하는 연구결과도 있다. 이러한 연구자들이 스 마트폰 시대의 특성을 살려 앱을 하나 개발했다. 전 세계 83개 나라의 피험자 약 5,000명에게 깨어 있는 시간 동안 무작위로 연락을 취해 방 해받은 그 순간 무엇을 하고 있는지를 묻기 위해서였다. 표본의 46.7퍼 센트는 당시에 하던 일이나 해야 할 일과 무관한 다른 생각을 하고 있 었다. 다시 말해 멍때리고 있었다.

딴생각과 집중상태는
끊임없이 서로
실랑이를 벌인다.

피험자들은 불쾌한 생각보다는 유쾌한 생각으로 방랑하는 경우가 더 많았고, 당연히 유쾌한 생각에 흠뻑 빠져 있을 때가 비참한 기분에 젖어 있을 때보다 더 행복하다고 대답했다. 그러나 즐거운 생각에 빠져 있더라도 무언가에 집중하고 있을 때보다 더 행복하지는 않았다. 이러한 결과를 토대로 이 연구자들은 '딴생각은 불행한 정신상태'라는 결론을 내렸다. 하지만 그렇게 불쑥 방해를 받으면 누구라도 행복감이 줄어들 수밖에 없을 것이다.

어찌 보면 어떤 활동에 대해 머릿속으로 상상할 때보다 실제로 그 활동에 열중해 있을 때 더 행복감을 느낀다는 것은 놀라운 일이 아니다. 방금 언급한 연구에서 피험자들이 가장 큰 행복감을 느낀 순간은 연인과 사랑을 나눌 때였다. 당연한 이야기지만 그 행복한 순간을 머릿속으로 상상만 해서는 실제로 사랑을 나눌 때보다 더 큰 행복감을 느끼기는 어렵다. 물론 대체로 그렇다는 이야기다. 이것을 좀더 일반화시키자면 아무리 기쁨에 넘쳐 계획을 짠다 해도 실제로 그 계획을 수행할 때 느끼는 만족감에 비할 바 아니다. 반대로, 머릿속으로 걱정하던 일들이 실제 벌어지면 두려워했던 것보다 견딜 만한 경우가 많다.

불리한 소식은 또 있다. 자주 딴생각에 빠지는 사람들은 면역세포의 텔로미어telomere(염색체 말단에 있는 반복염기서열 구조) 길이가 짧다는 연구결과가 있다. 텔로미어는 노화와 밀접한 연관이 있다고 여겨지는데, 이에 따르면 지나친 걱정과 자기성찰은 단명의 원인이 된다는 해석이 가능하다. 하지만 나라면 이 말을 적당히 에누리해서 받아들이겠다.

이쯤 되면 자연은 대체 왜 인간에게 딴생각에 빠지고 멍때리는 '능력'

을 내린 걸까 궁금하지 않을 수가 없다. 불행감과 때 이른 죽음의 가능성을 높이는 것 말고도 정신의 방랑은 운전할 때도 위험하고 효율적인 과제 수행에도 걸림돌이 된다. 시험을 망치고 약속을 깜박하고 가스불을 켜놓고 휴가를 떠나는 원인이 될 수도 있다. 교사들은 학생들에게 딴생각 좀 그만하고 제발 수업에 집중하라고 간청한다.

그런데 어쩌면 딴생각으로 생기는 불행감은 어릴 때 주의산만으로 꾸중을 들은 죄책감 섞인 기억에서 비롯된 것일 수도 있다. 성인인 우리도 정신이 딴 데 가 있을 때 죄책감을 느낀다. 대부분의 사람들은 가끔씩 자기 일이 따분하다고 느끼고 어딘가 다른 곳에 갔으면 하고 바라지만, 다음 순간 그런 생각을 했다는 데에 죄책감을 느낀다.

딴생각과 멍때리기에 대한 나쁜 평가가 워낙 많다 보니 '마음챙김 mindfulness'이라는 수련방법에 대해 관심이 높아졌는지도 모르겠다. 마음챙김이란 생각이 내면을 향하고 현재에 온전히 머물도록 다스리기 위한 명상의 한 형태다. 부처는 다음과 같이 조언했다고 한다.

마음과 몸을 건강하게 지키는 비결은 현재를 현명하고 열심히 사는 데 있지, 과거의 잘못을 뉘우치고 미래를 걱정하면서 앞으로 문제가 없기를 바라는 데 있지 않다.[2]

---

2   사실 이 인용문은 《부처의 가르침The Teaching of Buddha》이라는 일본 책을 번역한 내용인 듯하다. 이 책은 호텔 객실마다 비치되어 있는 기드온 성경의 불교판이라고 할 수 있는데, 정확한 출처에 집착할 필요는 없다.

우리의 마음이 과거와 현재의 정신적 풍경을 넘나들거나 기쁨 또는 고뇌의 정원을 배회하게 내버려두는 대신, 몸의 어느 한 부분에서 다른 부분으로 집중의 대상을 옮기거나 호흡의 감각을 주시하면서 마음이 내면에 머무르도록 붙잡아 두라는 것이다. 나는 이러한 방법으로 정신의 고요를 되찾을 수 있으리라 믿어 의심치 않는다. 물론 마음챙김 수련이 정신의 방랑과 달리 집중력을 높이는 데 실제로 도움이 되는지 궁금한 생각은 든다.

그렇다고 해서 딴생각에 관한 소식이 전부 나쁘기만 한 것은 아니다. 이탈리아의 한 연구진은 과도한 정신의 방랑이 단기적으로 건강에 부정적인 영향을 미칠 수 있으나 1년 뒤에는 아무런 영향도 감지되지 않음을 밝혀냈다. 참고로 피험자들이 '보속성 인지perseverative cognition'(하나의 생각에 집착하여 반추하고 걱정하는 상태를 말한다-옮긴이)를 하지 않는 경우에도 건강에 부정적이기는 마찬가지였다.

인간은 방랑상태와 집중상태를 왔다갔다하도록 프로그램되어 있고, 인간의 정신은 우리가 원하든 원치 않든 방랑하도록 만들어졌다. 복잡한 세계에 적응해나가는 과정에서 우리의 뇌는 '지금 여기'의 테두리를 벗어나 과거의 실수를 곱씹고 미래의 가능성을 고려하며 다른 사람들의 마음을 헤아릴 필요가 있다. 무엇보다 멍때리기는 창의력의 원천이자 혁신의 불꽃으로서 장기적으로 우리의 행복감을 높여준다. 다행스럽게도 이제는 교육계에서도 사실과 수치를 단순암기시키는 방식에서 벗어나 창의력과 문제해결 능력의 가치를 인정하는 분위기가 형성되었다. 어쩌면 우리는 딴생각과 멍때리기에 대해 죄책감을 가질 게 아니라 월터 미티처럼 마음껏 공상의 나래를 펼치는 방법을 배워야 할지도 모른다.

　이어지는 장에서 나는 정신적 방랑의 여러 모습에 대해 이야기할 것이다. 특히 그 높은 적응성과 진화적 기원에 중점을 두려고 한다. 또한 쥐들도 곧잘 정신적 방랑에 탐닉한다는 증거를 제시할 것이다. 하지만 우선, 정신적 방랑의 핵심에 자리하고 있는 우리의 기억능력에 관해 자세히 살펴보기로 하자.

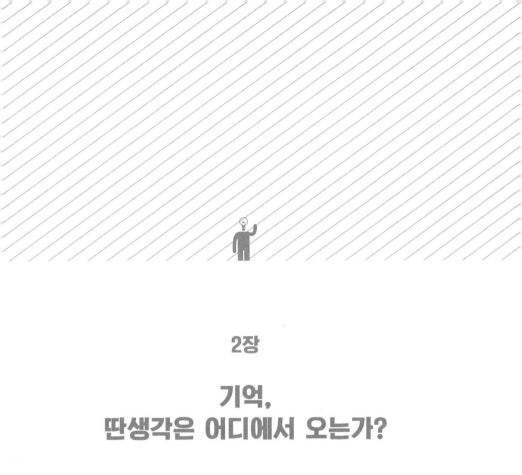

2장

기억,
딴생각은 어디에서 오는가?

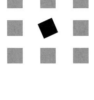

시간과 관련하여 내 어린 시절의 몇몇 기억들을 바로잡기 위해서는 역사가들이 북유럽 전설의 단편들을 연구할 때처럼 혜성과 일식을 길잡이로 삼아야 할 것이다. 그러나 그 밖의 기억들에 대해서는 전혀 정보가 부족하지 않다. 예를 들어 나는 맥없고 우울한 분위기의 가정교사 노코트 양이 내가 뒤따라오고 있다고 생각하며 내 남동생 세르게이를 데리고 굽은 해변을 거니는 동안, 물에 젖어 까매진 바닷가의 바위들을 기어오르던 일이 생생히 기억난다. 나는 장난감 팔찌를 끼고 있다. 그 바위들 위로 기어오르면서 나는 영어단어 '차일드후드childhood'를 계속 중얼거린다. 마치 열에 들뜬 상태로 장황하게, 깊은 만족감을 주는 주문을 외듯이. 이 단어의 소리는 신비롭고도 새로우며, 작고 복잡하고 분주한 내 머릿속에서 로빈 후드와 빨간 모자 아가씨, 늙은 꼽추요

정들의 갈색 두건과 뒤섞여 점점 더 낯설게 느껴진다. 바위 위의 옴폭 팬 구멍들마다 미지근한 바닷물이 가득 차 있고, 나는 그 마법의 단어를 중얼거리며 그 작은 사파이어 색 웅덩이에다 마음대로 지어낸 주문을 건다.

그곳은 물론 아드리아 해에 있는 아바치아다. 내 손목을 두르고 있는 팔찌는 고급스러운 냅킨 고리처럼 생겼는데, 연녹색과 분홍색의 반투명 셀룰로이드 같은 재질로 만들어졌다. 크리스마스트리에 매달려 있던 장식으로, 몇 달 전 상트페테르부르크에서 예쁘장한 동갑내기 사촌 오냐가 준 것이다. 감상적이게도 나는 안쪽에 검은 줄무늬 얼룩이 생길 때까지 그걸 소중히 간직했다. 나는 마치 꿈을 꾼 듯 그 줄무늬가 내 머리카락이라는 결론을 내렸다. 피우메 근처의 어느 이발소에 억지로 끌려갔던 날, 잘린 머리카락이 어떻게든 내 눈물과 함께 그 반짝이는 물건 속으로 들어간 거라고 말이다.

— 블라디미르 나보코프,《말하라, 기억이여Speak, Memory》

어떤 식으로든 모든 딴생각은 기억에 의존한다. 기억이 없다면 우리의 정신은 방랑할 곳을 잃어버릴 것이다. 기억은 상상력의 원동력이 되는 자양분으로서 우리가 과거를 회상하고 미래와 환상을 그려볼 수 있도록 한다. 꿈속에서 벌어지는 무질서한 일들조차 과거로부터 기록된 사람, 장소, 사건, 성취, 비극을 바탕으로 하며, 그런 기억들이 닥치는 대로 혹은 기상천외한 방식으로 결합되고 뒤섞일 때가 많다. 따라서 정신의 방랑에 대한 탐구를 시작하려면 기억이 어떤 식으로 작용하는지를 이해할 필요가 있다.

기억은 단순하지 않으며, 적어도 세 개의 단계로 구성된다. 가장 기초단계는 무언가를 배우는 기능skills이다. 우리는 걷고, 말하고, 글을 쓰고, 자전거를 타고, 피아노를 연주하고, 테니스를 치고, 스마트폰에 메시지 입력하는 방법을 배운다. 정도의 차이는 있지만 인간은 유전적으로 이런 것들을 배우려는 성향이 있다. 타고난 신체 여건이 정상이라면 걷는 능력은 유아기에 거의 자동적으로 발현되지만, 아기는 새로 얻은 돌아다니기 능력을 연습하고 완벽하게 다듬는 데 많은 시간을 투자한다. 말하는 능력 역시 인간의 내재적인 역량이지만 우리가 실제로 습득하는 언어의 종류뿐 아니라 말할 때 내는 특정 소리들까지도 경험에 따라 달라진다. 세상에는 약 7,000가지의 언어가 존재하고 각기 다른 음성체계로 구성되어 있으나 우리는 모두 한두 개 언어의 울타리 안에서 살아간다. 비슷해 보이는 언어들조차 서로 사이가 멀어지기도 하고,[1] 부모들은 청소년기에 접어든 자녀의 말을 이해하기 힘들어 한다.

한 번 습득된 기능은 계속 유지되는 경향이 있다. 예를 들어 자전거 타는 법은 나이가 들어 관절염에 시달리는 사람도 절대 잊어버리지 않는다고 한다. 그러나 어떤 기능들, 특히 나이들어 배운 기능들은 소멸되기도 한다. 나는 언젠가 네 살배기 아들을 데리고 리코더 레슨을 갔다가 형편없는 실력이나마 리코더 부는 법을 배운 적이 있는데, 지금은 운지법이 단 한 개도 기억나지 않는다. 나이가 들수록 언어기능도

---

1   조지 버나드 쇼는 이렇게 말했다. "영국과 미국은 공통언어로 나뉜 두 나라다."

무디어지는 경향이 있어서 생각이 날 듯 말 듯한 단어들이 늘어난다. 아예 배우기가 불가능한 기능들도 생긴다. 어릴 때는 어느 언어든 수월하게 배우지만 성인은 외국어 습득에 어려움을 느끼고, 특히 음성체계가 모국어와 판이한 언어라면 더더욱 그렇다. 10대 청소년들이 스마트폰으로 문자메시지를 보내고 엄지손가락으로 작은 키보드 위를 자유자재로 누비는 모습을 볼 때마다 나는 결코 저 경지에 이르지 못하겠구나 생각한다.

우리는 이 기능들을 정신의 방랑 속으로 고스란히 가지고 들어간다. 지금은 사라지고 없더라도 수준급의 기능이 있다고 상상할 때도 있다. 나는 이따금 한창 때처럼 능숙하게 스쿼시나 필드하키 게임을 즐기는 내 모습을 꿈꾼다. 그러나 실제로 그렇게 하다가는 그대로 나가떨어질 것이다. 럭비 경기를 볼 때 좁은 틈을 비집고 들어가 득점을 하거나 절묘한 위치에서 공을 차는 내 모습을 상상할 수 있지만, 이제 그건 환상에 불과하다. 정신의 방랑이 즐거운 이유 중 하나는 이렇듯 예전의 기능을 되찾을 수 있도록 해주기 때문이다. 하지만 그것은 비참함의 원인이 되기도 한다. 앞 장에서 소개했듯이 느닷없이 현재로 되돌아오느라 꿈을 가로채인다면 누구라도 언짢을 수밖에 없다.

그 다음 단계의 기억은 지식knowledge, 즉 세상에 대한 사실의 저장고다. 지식은 일종의 백과사전이나 어학사전과 같은 역할을 하며, 거대한 저장 시스템이다. 우선, 우리가 아는 모든 단어뿐 아니라 그 단어의 의미가 이 저장고에 담겨 있다. 이 책을 읽는 독자들은 적어도 5만 개의 어휘를 알고 있을 것이고, 우리가 이해하고 이야기하는 사물, 사람, 행동, 특성의 개수도 대략 그 범위를 벗어나지 않는다. 우리는 또한 도시, 해변, 스키장, 즐겨 찾는 카페 등 장소에 대한 지식이 있다. 인류의 기원, 물의 끓는점, 광합성의 원리 등 학교에서 배운 사실들도 안다. 지금 내가 하고 있듯이 자기가 아는 지식에 대해 통째로 책 한 권을 쓰는 사람들도 있다.

　우리는 또 주변 사람들에 대해 직업, 사는 곳, 습관, 취미, 성격 등 많은 것을 알고 있다. 심지어는 자기 자신에 대해서도 조금 알고 있다. 아마 그 내용은 약간 미화되었을 것이고 남들이 알고 있는 자신의 모습과 언제나 일치하지도 않을 것이다. 예를 들어 시인 에드워드 리어 Edward Lear가 자기 자신에 대해 쓴 다음 시의 내용은 정확할 수도 있고 아닐 수도 있다.

　리어 씨를 알게 되어 어찌나 기쁜지,

　이런저런 글을 엄청나게 쓰신 분이랍니다.

　어떤 이는 성질 나쁘고 괴팍한 사람이라 여기지만,

　몇몇은 기분 좋은 사람이라 생각하지요.

　명석하고 꼼꼼한 두뇌에,

　몹시도 커다란 코,

　다소 못생긴 얼굴에,

　수염은 가짜로 붙인 것 같지요.

이런 식으로 사실과 몽상이 뒤엉킨 채 시는 계속된다.

지식은 대부분 지속적이고 안정적이지만 우리가 잊어버리는 지식들도 많다. 학교에 다니면서 많은 지식을 배웠지만, 고등학교나 대학 때 배운 지식 중 지금까지 기억나는 게 얼마나 되는가? 그리 많지 않다는 생각이 들 것이다. 그래도 학교에 다니는 자녀들이 모르는 것을 물어보면 기억이 조금씩 되살아나고 뉴턴의 운동법칙이니 프랑스혁명 기간이니 하는 오랫동안 쓰지 않던 지식들이 다시 떠오르는 현상을 경험하기도 한다. 어릴 때 배운 지식이 대부분 증발해버린 듯해도 우리의 지식은 여전히 방대하며 분명 인간을 인간답게 해준다. 그리스 시인 아르킬로코스Archilochus가 '여우는 잔꾀가 많지만, 고슴도치는 중요한 것 한 가지를 안다'고 말했다지만, 우리 인간은 두 가지 면을 조금씩 가지고 있다. 아니면 적어도 스스로 그렇다고 생각한다.

세 번째 단계는 인생의 구체적인 사건에 대한 기억으로, 흔히 '일화기억episodic memory'이라고 부른다. 우리가 일반적으로 '기억한다 remember'는 용어를 사용할 때는 이런 의미에서이며, 기억하는 행위는 그 자체가 정신적 방랑의 일부다. 지식은 근본적으로 정지된 시스템으로서 우리에게 정보를 제공해주는 반면, 기억은 역동적인 과거의 재연이다. 우리가 기억하는 것들이 기본적으로 개인적인 일들임을 고려하면 그 기억은 우리가 이해하는 자아self의 대부분을 구성한다고도 말할 수 있다. 우리가 아는 지식은 대부분 다른 사람들도 알고 있는 것들이지만, 일화기억은 한 사람 한 사람을 특별하게 만들어준다.

기능의 일부가 소멸되거나 한때 알았던 지식이 종종 머리에서 빠져

나가버리는 경우도 있지만, 기억의 세 가지 단계 중에서 가장 부서지기 쉬운 것이 바로 이 일화기억이다. 우리가 자각하고 있는 삶은 길고 복잡하기 때문에 우리에게 일어난 일들 가운데 극히 일부만이 기억으로 유지될 것이다. 체코 출신의 망명 작가 밀란 쿤데라는 소설 《향수 Ignorance》에 다음과 같이 썼다.

> 가장 중요한 자료는, 체험된 삶의 시간과 기억 속에 저장된 삶의 시간 사이의 비율이다. 아무도 이 비율을 계산하려고 노력한 적이 없고, 그럴 만한 기술적인 방법 또한 존재하지 않는다. 그러나 나는, 기억은 체험된 삶의 100만 분의 1, 1억 분의 1, 즉 아주 사소한 부분만을 간직할 뿐이라고 생각한다. 이 또한 인간 본질의 한 부분이다. 누군가 그의 기억 속에 자신이 체험한 모든 것을 담을 수 있다면, 언제라도 과거의 모든 편린을 떠올릴 수 있다면, 그는 인간이 아닐 것이다. 그의 사랑, 그의 우정, 그의 분노, 용서하거나 복수할 수 있는 능력, 그 어떤 것도 우리와 비슷하지 않을 것이다.

그가 약간 과장하고 있긴 하다. 1억 분의 1이라면 체험된 사건 중 약 15분 분량일 텐데, 대다수 사람들의 기억력은 그보다는 훨씬 낫다.

압박이 있다면, 과거의 사건을 꽤 많이 기억할 수 있다. 동료교수 도나 로즈 아디스Donna Rose Addis가 운영하는 연구실에서 우리는 보드게임 클루도Cluedo에 착안한 실험을 꾸며보았다. 클루도는 참가자들이 누가, 어떤 흉기로, 어디서 살인을 저질렀는지 추리하는 게임이다. 예를 들어 그린 목사가 당구장에서 촛대로 죽였다는 걸 먼저 맞추는 사람이 이긴다. 우리는 피험자들에게 약 100가지의 과거 사건을 떠올리게 했다. 그리고 각 사건에 연루된 사람, 물건, 장소를 파악하게 했다. (그런 다음 이 요소들을 마구 뒤섞어 피험자들에게 새로운 사건을 구성하게 했는데, 이 부분에 대해서는 다음 장에서 더 자세히 이야기하도록 하겠다.)

피험자들은 요청받은 개수의 사건을 기억하는 데 별 어려움을 느끼지 않았다. 우리가 정신을 차리고 집중하면 과거의 많은 사건을 기억해낼 수 있고, 전성기의 순간들을 모아 자서전까지 쓸 수 있다. 그러나 대부분의 사람들은 그렇게 수많은 사건들을 잊어버렸다는 사실조차 눈치채지 못한다. 이미 잊어버렸기 때문이다! 그래서 오래된 사진첩을 넘기다 보면 마치 다른 이의 삶인 듯 낯설게 느껴지는 장면들을 발견하기도 한다.

과거에 닿을 수 없는 기억상실

일화기억이 얼마나 손상되기 쉬운지는 기억상실증의 사례들을 보면 잘 알 수 있다. 기억상실증은 과거 사건에 대한 기억이 가장 많이 손상되고, 경우에 따라 완전히 사라지기도 하는 현상이다. 관련 자료에서 오랫동안 'H. M.'이라는 약자로 알려진 남성에 관한 연구가 가장 방대하게 진행되었는데, 나중에 헨리 몰레이슨Henry Molaison이라는 본명

기억상실증 환자들은 어떤 면에서
정신의 방랑 능력이 제한적이다.
과거에 대한 접근이 거부되었기 때문이다.

이 공개되었다. 헨리는 신경학 역사에서 가장 유명한 사례일 것이다. 2008년 그가 82세를 일기로 세상을 떠났을 때 《뉴욕타임스》는 물론 저명한 의학전문지 《더 랜싯The Lancet》에도 부고가 실렸다. 27세 때 그는 난치성 간질 때문에 수술을 받았는데, 이 수술과정에서 개인적인 기억의 기록을 담당하는 뇌의 일부가 손상되었다. 그 결과 수술 이전까지의 기억이 사라졌고, 어린 시절도 거의 기억하지 못했다. 그는 정상적으로 말을 할 수 있었고, 지능지수도 정상 이상이었다. 1968년에 작성된 한 보고서에서 저자들은 이렇게 기록하고 있다.

'언어 이해력은 온전히 남아 있다. 복잡한 구문의 문장을 따라하고 변형할 수 있으며, 의미적 중의성을 활용한 농담을 포함해 웃음의 포인트를 이해한다.'

그 운명적인 수술 후 여러 해 동안 수잔 코킨Suzanne Corkin은 처음에는 맥길대학 대학원생으로, 나중에는 매사추세츠공과대학 교수로 헨리에 대한 실험 대부분을 수행했으며, 그를 잘 알게 되었다. 하지만 헨리는 코킨 교수를 끝내 알아보지 못했으며, 매번 처음 만난 사람처럼 인사하고 기억나는 어린 시절의 몇 가지 이야기를 똑같이 되풀이했다. 묘한 통찰력이 느껴지는 발언이지만 그는 언젠가 코킨 교수와의 관계를 이렇게 묘사했다.

"참 재미있죠. 살아가고 배운다는 것이요. 나는 삶을 살고 낭신은 배우고 있네요."

한때 나의 동료였던 제니 오그던Jenni Ogden과의 다음 대화에서도 그의 성격과 상태를 살짝 엿볼 수 있다.

제니: 당신이 지금 몇 살이라고 생각하세요?

헨리: 대략 서른넷이요. 바로 생각이 났어요.

제니: 제가 지금 몇 살이라고 생각하세요?

헨리: 글쎄요. 얼른 생각에 스물일곱쯤 되는 것 같네요.

제니: (웃음) 친절하기도 하셔라! 저는 사실 서른일곱이에요.

헨리: 서른일곱이라고요? 그럼 제 나이가 그보다는 많겠군요.

제니: 왜요? 저보다 나이가 많다고 생각하세요?

헨리: 네.

제니: 몇 살이라고 생각하시는데요?

헨리: 글쎄, 저는 항상 제 나이를 너무 많게 보잖아요. 좀 당겨볼까요, 음, 서른여덟이요.

제니: 서른여덟이요? 하시는 행동은 딱 서른여덟 같으세요! 사실은 예순 살이시죠. 며칠 전에 60번째 생일이셨다고요. 커다란 케이크도 받으셨고요.

헨리: 음, 기억이 안나요.

놀랍게도 헨리는 수술 후 이사한 집의 평면도를 정확히 그릴 수 있었다. 물론 이 기억이 형성되기까지 여러 해가 걸리긴 했다. 따라서 그에게는 새로운 지식을 습득하는 능력이 약간은 남아 있었다. 또 무언가 배웠다는 사건 자체를 기억하지는 못해도 새로운 기능을 배울 수는 있었다. 한 가지 예는 거울 속 그림 따라 그리기다. 그에게 오각형 모양의 별을 따라 그리도록 했다. 별과 자기 손을 거울로만 보면서 연필로 경계선을 넘지 않게 그대로 따라 그리는 과제였다. 직접 해보면 알겠지만 상당히 어려운 작업이다. 거울 속에 보이는 상의 좌우를 뒤집어서 손을 움직여야 하기 때문이다. 헨리는 며칠 동안 연습하며 급격한 발전을 보였다. 마지막 날 어렵지 않게 별을 따라 그린 헨리가 말했다.

"이것 참 희한하군요. 어려울 거라고 생각했는데, 제가 꽤 잘한 것 같아요."

그런가 하면 영국의 음악가 클라이브 웨어링Clive Wearing의 사례도 인상적이다. 그는 BBC 방송국에서 화려한 경력을 쌓은 고음악early music 전문가였다. 아마추어 합창단 유로파 싱어스Europa Singers를 창립해 상당한 성공을 거두었고, 찰스 왕세자와 다이애나 스펜서의 결혼식 날 라디오3 채널의 음악 선곡을 담당하기도 했다. 경력의 최전성기였던 1985년 그는 헤르페스 바이러스 뇌염으로 쓰러졌다. 입술에 물집이 생기는 단순포진이 아주 드물게 중추신경계를 공격하여 발생하는 질환이다. 얼마후 진단이 내려지고 기억 손상을 막기 위한 약물이 투여되었지만, 그때는 이미 새로운 기억 형성에 결정적인 역할을 담당하는 부위와 이미 자리잡은 기억 일부까지도 말끔히 사라진 뒤였다.

적어도 이전의 기능과 지식 일부는 보존되었다. 그는 여전히 말을 하고, 피아노를 치고, 합창단을 지휘할 수 있었다. 그는 자신이 결혼했음을 알고 있었지만 결혼식을 기억하지는 못했다. 음악가라는 사실도 알았지만 음악회에 대한 기억은 없었다. 이전 지식의 상당 부분, 특히 발병시점과 비교적 가까이에 형성된 지식들이 사라져버렸다. 가령 자녀들의 얼굴을 알아보았으나 훨씬 어릴 것으로 예상했고, 자녀가 몇 명이었는지 자신 있게 대답하지 못했다. 연도나 연대를 기억하지 못했고, 《더 타임스》지의 1면에 더 이상 개인 광고란이 없는 것을 보고 놀랐다. 자신이 어디서 성장했고, 전쟁 중 어디로 대피했는지 등 어린 시절에 관한 사실은 알고 있었다. 심지어 자신이 장학금을 받고 캠브리지에 있는 클레어 칼리지를 다녔다는 사실까지 기억했다. 그러나 새로운 지식을 습득할 수 없었고, 그의 지식 저장고는 멀리 과거로 밀려났다.

하지만 그에게서 완전히 사라진 것은 바로 일화기억이었다. 그는 불과 몇 초 단위의 기억 속에 살고 있기에 간신히 대화를 이어나갈 수 있었고, 그보다 몇 분 전에 이야기 나눈 주제에 관해서는 금세 잊어버렸다. 2005년 영국의 ITV는 '7초밖에 기억하지 못하는 남자'라는 제목으로 그에 관한 다큐멘터리를 방영했다. 실제로 그의 기억창은 너무나 작아서 자신이 방금 한 행동에 깜짝깜짝 놀라곤 한다. 그는 혼자서 하는 카드놀이를 좋아하는데, 바닥에 카드를 펼쳐 놓고 손에 쥔 카드를 섞은 다음, 바닥에 펼쳐진 카드를 보고 화들짝 놀라며 이렇게 외친다.

"저 카드는 내가 깔아 놓은 게 아닌데! 전에 본 적이 없는 카드라고! 도무지 이해가 안 되네. 세상이 미쳐버린 모양이야!"

또 하나의 유명한 사례로 관련 자료에서 'K. C.'로 통하는 환자는 사실적 지식과 관련해서는 어려움이 없으나 과거의 특정 사건을 기억할 수 없었다. 그 사건들이 두 번 다시 반복되지 않는 일회성 이벤트이기 때문만은 아니었다. K. C.는 며칠 동안 지속된 사건들도 기억하지 못했는데, 이를테면 가까운 곳에서 열차탈선 사고로 유독성 화학물질이 방출되어 수만 명의 다른 주민들과 함께 집을 떠나 피신했던 사건을 기억할 수 없었다. 그밖에 지능검사에서는 정상적인 점수가 나왔고 자기 삶의 기본 사실들을 알고 있었다. 태어난 날짜, 아홉 살 때까지 살았던 집의 주소, 다녔던 학교들, 전에 소유했던 자동차의 제조사와 색깔, 부모님 소유의 여름별장 위치, 그리고 토론토에 있는 자기 집에서 그 별장까지의 거리 등 대부분 반복되는 일이 거의 없는 사건들이다. 말하자면 지식은 많으나 기억은 거의 없는 상태였다.

만성 알코올 중독으로 발생하는 코르사코프 증후군은 기억에 이와 비슷한 영향을 미친다. 올리버 색스는 저서 《아내를 모자로 착각한 남자The Man Who Mistook His Wife for a Hat》에서 지미 G.라는 사람의 사례를 소개한다. 지미는 2차세계대전 종료 후 아무것도 기억하지 못하고, 1980년대 초에도 여전히 1945년이라고 믿었다. 그는 거울에 비친 자신의 모습을 볼 때마다 경악을 금치 못했다. 젊고 건장한 20대 젊은이의 모습을 기대했기 때문이다. 그리고 보면 스스로 훨씬 젊다고 생각할 수 있다는 건 과음의 몇 안 되는 장점 중 하나일 수도 있겠다. 거울은 절대 들여다보지 말아야겠지만!

이렇게 기억상실증을 앓는 환자들은 어떤 면에서 정신의 방랑 능력이 제한적이라고 볼 수 있다. 과거에 대한 접근이 거부되었기 때문이다. 향수라는 기쁨을 잃어버린 사람들이다.

머릿속이 꽉 차버린 초기억능력

우리는 때로 변변찮은 기억력 탓에 절망하지만 모든 것을 기억하는 것도 심각한 걸림돌이 된다. 머릿속이 너무 꽉 막혀서 다른 것을 받아들일 공간이 거의 남지 않기 때문이다. 서번트 증후군을 앓는 사람들은 비범한 기억력을 가지고 있지만 나머지 지능분야에서 결핍을 나타낸다. 영화 《레인맨》의 실제 모델인 킴 픽Kim Peek이 아주 특별한 사례다. 그는 2009년 58세를 일기로 세상을 떠났다. 친구들 사이에서 '킴퓨터Kim-puter'로 통하던 그는 18개월 때부터 책을 암기하기 시작해 50대 중반 무렵에는 9,000권의 책을 암기한 상태였다. 그는 역사, 스포츠, 영화, 우주 프로그램, 문학과 셰익스피어 등에 대해 방대한 지식 저장고를 보유하고 있었다. 또한 클래식 음악에 해박한 지식이 있었고, 중년에 접어들면서는 직접 연주도 시작했다. 여러 다른 서번트 증후군 환자들처럼 모든 날짜의 요일을 곧바로 맞힐 수 있었다. 이런 재주는 어마어마한 기억력을 바탕으로 한다.

그러나 일반적인 지능검사에서 픽은 87점밖에 얻지 못했다. (모집단 평균은 100이다.) 그는 걸음걸이가 어설펐고, 옷의 단추를 제대로 채우지 못했으며, 일상의 잡무를 처리할 수 없었다. 또한 추상적인 개념을 이해하는 데도 어려움을 겪었다. 이런 특징들로 미루어 볼 때 방대하고 세밀한 기억력은 다른 정신기능에 불리하게 작용하고, 지나치게 세밀한 기억은 관계성을 파악하고 추상적 개념을 형성하는 능력에 저해가 됨을 알 수 있다. 나무가 너무 많아서 숲을 보기 힘든 상태와 마찬가지다.

또 한 명의 주목할 만한 서번트 증후군 환자로 대니얼 태멋Daniel Tammet이 있다. 그는 텔레비전 다큐멘터리 촬영을 위해 일주일 만에 아이슬란드어를 마스터하는 솜씨를 선보여 유명해졌다. 2004년 3월 그는 원주율 파이pi의 22,514번째 자리까지 암송했다. 심안을 통해 숫자들을 '복잡하고 다차원적이며 색깔과 질감이 있는 도형'으로 바라본 결과였다. 한 감각영역의 개체들을 다른 감각영역의 특질과 결부시키는 이 능력을 공감각능력이라고 한다. 즉 태멋은 원주율의 숫자들이 파노라마처럼 펼쳐지는 광경을 볼 수 있었고, '그 아름다움에 매료되어 황홀한 느낌이 들었다'고 말했다. 그는 시도 공감각으로 이해했다. 아이슬란드를 방문했을 때의 경험에 관해 직접 쓴 시의 한 연을 소개하면 다음과 같다.

> 그리고 마을과 도시에서
> 사람들이 이야기하는 모습을 구경했죠.
> 부드럽고 알록달록한 단어로
> 한 땀 한 땀 숨을 꿰매는 그 모습을.

관련 자료에서 'S'라고도 알려진 솔로몬 셰르솁스키Solomon Shereshevskii의 사례는 좀 색다르다. 그의 묘기에 가까운 기억능력은 러시아의 위대한 신경심리학자 알렉산드르 로마노비치 루리야Aleksandr Romanovich Luria가 1968년에 쓴 책《모든 것을 기억하는 남자The Mind of a Mnemonist》에 기록되어 있다. 셰르솁스키의 기억능력은 무한해 보였고 그는 아주 오랜 기간 동안 사소한 것들을 기억했다. 심지어는 루리야가 16년 전에 제시한 단어목록을 정확히 기억해내기도 했다. 그의 기억은 주로 시각을 바탕으로 했다. 그는 기억해야 할 단어나 숫자를 머릿속에서 이미지로 변환시켰다. 어떤 공간 패턴 안에 가지런히 정돈하거나 '장소법method of loci'을 사용해 익숙한 장소와 결부시켰다가 나중에 마음속으로 그 장소를 다시 찾아가 '재생'해내는 것이다.

그의 세밀한 기억력은 일반 개념을 형성하는 데 방해가 되었으므로 사실 장애였다. 그는 소설을 이해하지 못했다. 모든 장면을 너무 정확하고 세밀하게 상상한 나머지, 후반부에 가서 이미지들이 서로 충돌했기 때문이다. 이번 장을 연 러시아 소설가 블라디미르 나보코프와 대니얼 태멋처럼 셰르셉스키 역시 공감각능력이 있었다. 누군가 하는 말을 들으면 시감각을 통해 '연기'나 '반점'으로 인식했고, 정확히 초당 30헤르쯔 높이의 소리를 100데시벨 크기로 들려주자 '폭 12~15센티미터의 오래되어 변색된 듯한 은색 띠'를 연상했다.

정말 운 좋은 사람이라고 생각할 수도 있겠다. 누구나 소리를 듣고 오래되어 변색된 은색 띠를 떠올릴 수 있는 건 아니니까. 하지만 실제로 그의 엄청난 기억력과 거슬리는 시각적 이미지는 평범한 생활에 심각한 장애물이 되었다. 루리야는 셰르셉스키의 말을 다음과 같이 인용하고 있다.

한번은 아이스크림을 사러 갔어요. … 아이스크림 행상에게 무슨 무슨 종류가 있느냐고 물었더니, 아이스크림 파는 아주머니가 그러더군요.

"과일맛 아이스크림이요." 그런데 하필이면 그 아주머니의 말투가 마치 그 입에서 커다란 석탄더미라든가, 시커먼 숯덩어리가 막 튀어나오는 느낌을 주는 겁니다. 결국 그런 식의 대답을 듣고 나니 도무지 아이스크림을 먹을 엄두가 안 나더군요.

반드시 공감각능력이 있어야만 장소법을 사용할 수 있는 것은 아니다. 셰르셉스키에 버금가는 수준에 도달하기는 어렵더라도 이는 누구나 배울 수 있는 유용한 기억법이다. 사실 장소법은 통제된 형태로나마 정신의 방랑을 실용적인 용도에 활용한 것이다. 키케로에 따르면 장소법은 그리스의 시인 시모니데스Simonides의 일화에서 유래되었다고 한다. 시모니데스는 잔치에서 부유한 귀족들을 즐겁게 해주고 있었다. 그때 신비에 싸인 두 인물이 밖에서 그를 불러 나가보았더니 올림포스의 신 카스토르와 폴룩스가 보낸 전령들이었다. 그런데 그가 자리를 뜨자마자 연회장 지붕이 무너져 내려 안에 있던 사람들이 모두 깔려 죽었다. 시신이 너무 많이 훼손되어 신원 파악이 불가능했으나, 시모니데스가 앞에 나서서 누가 어디에 앉아 있었는지를 알려주자 비로소 주검의 신원을 확인할 수 있었다고 한다. 이 일화를 근거로 그리스와 로마의 웅변가들은 장소법을 사용해 연설내용을 암기했다.

중국에서 활동한 이탈리아의 예수회 선교사 마테오 리치도 장소법을 활용했다. 1596년 그는 《기법記法, Treatise on Mnemonic Arts》이라는 책을 써서 중국인들에게 과거시험 통과에 필요한 방대한 지식을 기억하는 데 도움이 되는 기억법을 가르쳤다. 이 방법은 여러 개의 방으로 이루어진 '기억의 궁전'을 상상하고, 그 방마다 전쟁이나 종교적 사건 같이 감정을 자극하는 장면들을 생생하게 묘사한 그림이 걸려 있다고 생각하는 것이다. 기억해야 할 항목을 이런 이미지와 결부시켜 두었다가 나중에 머릿속으로 궁전을 거닐기만 해도 그 내용이 떠오를 수 있도록 하는 방법이다.

오늘날까지도 장소법은 세계 최고의 기억력을 자랑하는 사람들이 선택하는 기억법이다. 그 중 한 사람이 원주율 외우기 기네스 기록 보유자인 중국의 사업가 루 차오Lu Chao다. 2006년 그는 원주율을 67,890번째 자리까지 암송하다가 67,891번째 자리에서 틀려 태멋이 세운 종전의 기록을 세 배로 갈아치웠다. 그런데 더욱 놀라운 젊은 공학도의 사례도 있다. 관련 자료에서 적절하게도 'PI'라는 약자로 통하는 그는 원주율을 2의 16승 자리 이상 암송했다. '2의 4승 개 이하의 오류'를 냈다고 하는데, 너무 많다고 느껴질지 몰라도 평균적으로는 2의 12승 자릿수마다 한 번씩만 실수를 한 셈이다. 그가 왜 가끔가다 오류를 내는지 이유는 밝혀지지 않았지만 어쩌면 상상한 장소에 약간 흐릿한 부분이 있는 것과 관련이 있을 수도 있다. 셰르셉스키는 정신적으로 조금 어두운 장소에 항목을 넣어둔 탓에 기억하지 못하는 경우가 종종 있었다. 이럴 때 가로등을 켠다고 상상하면 기억이 수정되기도 했다.

셰르셉스키와 달리 루 차오나 PI는 다른 면에서 정상인과 별로 다르지 않다. PI의 경우 과거 사건과 무표정한 얼굴을 기억하는 데 약간 어려움을 느끼지만 감정이 표현된 얼굴에 대해서는 그보다 나은 기억력을 보인다. 하지만 예외적인 경우를 제외하면 장소법 같은 기억법은

모든 기억이 정확하고,
정확하게만 전달된다면
인생은 정말 **따분**했을지도 모른다.

대부분 의미가 퇴색되어버린 지 오래다. 필요하다면 인터넷에서 정확한 원주율을 원하는 자릿수까지 다운로드해 쓸 수 있는 시대인 데다가 원주율을 2의 16승 자리까지 알아야 할 이유가 어디 있겠는가?

스스로도 속아넘어가는 거짓기억

나는 인생을 살면서 별의별 끔찍한 일들을 겪었지만, 그 가운데 일부만이 실제로 벌어진 일이었다.

– 마크 트웨인[2]

우리의 기억은 불완전할 뿐 아니라 종종 부정확해서 우리는 실제로 일어나지 않은 일들을 '기억'하곤 한다. 거짓기억 분야의 선구자인 미국의 심리학자 엘리자베스 로프터스Elizabeth Loftus는 어머니의 죽음을 생생하게 기억하고 있다. 열네 살 때였고 이모와 이모부 집에 놀러 갔었다. 로프터스 교수는 화창하고 햇살 좋던 운명의 그날을 기억한다. 시원하게 뻗은 소나무의 자태와 솔향기, 아이스티의 맛까지 떠오른다. 그러다 잠옷을 입은 채 엎드린 자세로 수영장 물에 떠 있는 익사한 어머니를 보았다. 그녀는 깜짝 놀라 비명을 질렀고, 경광등을 번쩍이는 경찰차를 보았으며, 어머니의 시신이 들것에 실려 나가는 광경을 목격

---

2   이 말은 마크 트웨인이 했다고 두루 알려져 있지만 그가 한 말이 아닐 가능성이 높다. 이 말 자체가 거짓기억일 수도 있다.

했다. 그러나 그 기억은 가짜다. 시신이 발견되었을 때 그녀는 사실 잠들어 있었고, 발견한 사람도 그녀가 아니라 이모 펄이었다.

나는 뉴질랜드가 오클랜드에서 남아프리카공화국을 상대로 싸웠던 1981년의 유명한 럭비 경기를 선명하게 기억하고 있다. 경기장 안팎으로 남아프리카공화국의 아파르트헤이트 체제(과거 남아프리카공화국의 인종차별 정책을 말한다 – 옮긴이)에 대한 반대시위가 한창이었다. 시위자 두 명이 경비행기를 타고 선수들에게 밀가루 폭탄을 떨어뜨렸는데, 뉴질랜드 국가대표팀 올 블랙스의 머리 멕스테드Murray Mexted가 그 중 하나를 맞고 쓰러졌다. 나는 멕스테드가 후에 럭비 해설위원이 되었을 때 풍자와 조롱을 위해 고의적 말실수를 즐겨 사용하는 이유가 그때 그 사건 때문일 수도 있겠다고 생각했다. 그런데 웬걸! 내 해석이나 기억과 달리, 밀가루 폭탄을 맞은 사람은 멕스테드가 아니라 개리 나이트Gary Knight였다. 그리고 내가 알기로 개리 나이트는 점잖은 어휘를 사용한다.

거짓기억은 쉽사리 이식된다. 쇼핑몰에서 길을 잃거나 열기구 풍선을 탔던 일, 혹은 물에 빠져 죽을 뻔했다가 안전요원에게 구조된 일 등을 이야기해보라고 하면 실제 일어나지도 않은 그 사건에 대해 상세하게 묘사하는 사람들이 있다. 로프터스 교수가 소개한 또 하나의 사례에서는 피험자들에게 디즈니랜드 방문을 유도하는 가짜 광고를 보여주면서 벅스 버니를 살짝 언급했다. 그러자 피험자의 약 3분의 1은 자신이 디즈니랜드에 가서 벅스 버니와 악수한 적이 있다고 주장했다. 그러나 그것은 마음속으로 그린 상상이었다. 왜냐하면 벅스 버니는 워

너브러더스 사의 창작물이므로 월트디즈니 사가 운영하는 디즈니랜드 안에서 돌아다닐 리가 없다. 그 기억은 거짓이다.

스위스의 유명 심리학자 장 피아제는 네 살 때 일어난 사고를 똑똑히 기억했다. 유모가 파리 샹젤리제 거리에서 자신이 탄 유모차를 밀고 있었는데, 어떤 남자가 그를 유괴하려고 했다. 피아제는 안전띠를 매고 있었고 유모는 유괴범을 가로막으려 했다. 실랑이를 벌이는 사이 유모는 얼굴을 긁혔다. 피아제는 유모 얼굴의 긁힌 자국이 아직도 선연히 보인다고 주장했다. 그런데 그가 열다섯 살 때 유모는 편지로 그게 전부 자신이 꾸며낸 이야기였음을 실토했다.

19세기 말부터 '기억착오paramnesias'라는 말을 쓰기 시작했고, 이러한 거짓기억은 최면을 통해 유도할 수도 있음이 알려졌다. 최면술사인 이폴리트 베른하임Hippolyte Bernheim이 전하고 있는 사례는 유난히 충격적이다. 그는 한 여성환자에게 최면을 걸어 열쇠구멍을 통해 나이 많은 남자가 어린 소녀를 강간하는 장면을 목격했다고 믿게 했다. 소녀는 몸부림쳤고 피를 흘리고 있었으며 다음 순간 입에 재갈이 물렸다. 그의 최면은 다음과 같이 마무리되었다.

"최면에서 깨어나면 당신은 이에 대해 더 이상 생각하지 않습니다. 저는 이 이야기를 해드리지 않았습니다. 이것은 꿈이 아닙니다. 최면 상태에서 제가 보여드린 환영도 아닙니다. 이것은 그 자체로 사실입니다."

사흘 뒤 베른하임은 명망 있는 변호사 친구에게 이 환자를 심문해달라고 부탁했다. 환자는 최면 중에 들은 그대로 사건을 상세하게 이야기했고, 그게 정말 사실일까 의심해보라고 권해도 '흔들림 없는 확신을 가지고' 그것이 사실임을 주장했다. 말할 필요도 없지만 요즘 같으면 이런 실험은 상상조차 할 수 없다.

기억을 이식하기가 이렇게 쉽다 보니 1980년대와 1990년대 사회적 문제가 발생했다. 많은 치료사들이 성인기에 발생한 심리적 문제의 원인을 아동기의 성적 학대에서 찾을 수 있다는 시각을 받아들인 것이다. 치료사들은 그런 기억이 너무나 충격적이어서 억압된 상태이므로 자신들의 도움으로 이 기억을 복구시켜 환자들이 문제의 진짜 원인을 직시하고 이를 마주할 수 있도록 해야 한다고 주장했다. 이러한 시각이 가장 극단적으로 표현된 책이 엘렌 베스Ellen Bass와 로라 데이비스Laura Davis의 《아주 특별한 용기The Courage to Heal》다. 이 책은 1988년에 처음 출간된 이후 여러 차례 개정판이 나왔다. 베스와 데이비스는 심리학이나 정신의학 분야에서 정규교육을 받은 바가 없음에도 독자들에게 다음과 같은 과감한 발언을 서슴지 않는다

> 학대가 기억나지 않는다면 당신만 그런 게 아니다. 많은 여성들이 기억을 하지 못하며 아예 기억이 형성되지 않는 사람들도 있다. 그렇다고 해서 그들이 학대받지 않았다는 뜻은 아니다.

이 책의 다른 부분에서 베스와 데이비스는 이렇게 적고 있다.

'학대를 당했다는 생각이 들고 당신의 인생이 그 증상을 보인다면 학대를 당한 것이다.'

이 문장은 후건 긍정의 오류('p면 q다 ⇒ q다 ⇒ 따라서 p다'라는 형식의 오류를 말한다. 예를 들어 '자동차는 기계다 ⇒ 기계가 있다 ⇒ 따라서 이 기계는 자동차다' 같은 문장에서 앞의 명제는 맞지만 뒤의 명제가 항상 맞는 것은 아니다 – 옮긴이)를 범하고 있다. 물론 아동기의 학대가 나중에 심리적 고통의 원인이 될 수 있는 게 사실이지만, 그렇다고 해서 심리적 스트레스가 반드시 아동기의 학대 때문에 발생했다고 확신할 수는 없다. 살인이 죽음을 가져오지만 모든 죽음이 살인 때문이라고 볼 수는 없지 않은가? 안타깝게도 베스와 데이비스의 선언이 워낙 광범위하게 받아들여지다 보니, 심리적 괴로움을 겪는 사람들이 스트레스의 원인이 된 학대의 기억을 되찾도록 돕기 위한 공격적인 요법들이 등장했다. 실제로 그런 학대가 전혀 없었던 경우에도 말이다.

문제는 치료사들이 자신도 모르는 사이 거짓기억을 쉽사리 주입시킬 수 있다는 데에 있었다. 물론 심리문제를 겪는 사람들 중 일부는 실제로 성적 학대 또는 다른 형태의 학대를 당한 경험이 있다. 그러나 심리문제가 전부 혹은 거의 대부분 학대에서 비롯된다고 보는 관점은 분명히 잘못된 것이다. 아무 죄 없는 사람들이 저지르지도 않은 학대로 비난의 대상이 되어버리는 것도 문제다. 이 유감스러운 시대 이후 기억의 본질과 취약성에 대한 많은 연구가 이루어졌다. 이제 제대로 교육받은 치료사라면 거짓기억을 주입할 수 있는 위험을 경계하며, 정신적 고통의 다른 요인들을 생각해볼 수 있다면 학대를 기정사실화하지 않도록 주의를 기울일 것이다. 실제로도 다른 요인이 존재할 가능성이 더 높다.

기억은 어쨌거나 변덕스러운 증인이어서, 법정에서든 심리치료실에서든 기억에 의존한 판단은 반드시 실수로 이어지게 되어 있다. 때로는 무고한 사람이 유죄판결을 받기도 하고, 죄를 지은 사람에 대해 무죄가 선언되기도 한다. 그렇다면 문제는 잘못된 판단에 따른 대가가 어느 정도인가에 달려 있다. 진짜 범죄자 혹은 진짜 아동학대자를 찾아내지 못하는 경우와 저지르지도 않은 범죄나 학대로 단죄하는 경우 중 어느 쪽의 희생이 더 클까? 당초 로마법에 기반을 둔 현대의 헌법은 피고인의 유죄가 입증되기 전까지 무죄로 추정하는 것을 원칙으로 한다. 적어도 법의 시각으로 볼 때 무고한 시민을 투옥하느니 범죄자 몇 명을 처벌하지 않는 게 더 낫다는 뜻이다. 그러나 진정한 악당은 왜곡되기 쉬운 기억인 경우가 많다.

그러면 기억은 왜 그렇게 형편없을까? 기억은 애초에 과거를 충실하게 기록하도록 만들어지지 않았다. 오히려 우리가 이야기를 구성하는 데 사용할 정보를 공급해주는 쪽에 가깝다. 그 중에는 진짜 정보도 있고 가짜 정보도 있지만, 늘 완전하지는 않다. 미국의 시인 마리 하우 Marie Howe는 '기억은 시인이지 역사가가 아니'라고 말했다. 물론 우리의 실체는 우리가 기억하는 모습과 조금은 비슷한 구석이 있을 것이다. 그러나 우리는 실제 모습 대신 원하는 모습을 만들어내기 위해 마치 옷을 고르듯 기억을 선택하고 수정하기도 한다.

힐러리 클린턴은 1996년 미국 영부인 자격으로 보스니아를 방문했을 당시 비행기에서 내리자마자 저격수들의 눈을 피해 뛰어야 했다며 무용담을 늘어놓은 적이 있다. 실제로는 평화로운 분위기에서 착륙이 이루어졌고, 웃는 얼굴로 환영 나온 아이에게 입을 맞추기도 했는데 그런 소리를 한 것이다. 물론 클린턴이 영웅적인 이미지를 만들기 위해서 없는 이야기를 꾸며낸 것일 수도 있지만, 일부 평론가들은 그녀가 자기 이야기를 실제로 믿게 되었을 거라는 의견을 내비쳤다.

로널드 레이건 역시 2차세계대전 중 자신이 무용을 떨쳤다고 회고했지만, 그건 옛날 영화의 영향이었을 것이다. 노르망디 상륙작전에 함께했고 나치 수용소 해방을 위해서도 활약한 것처럼 이야기했던 그는 나중에 한 참모에게 다음과 같이 말하며 자신이 전한 모험담 중 일부가 사실이 아님을 인정했다.

"어쩌면 내가 전쟁영화를 너무 많이 봤는지도 모르겠네. 가끔씩 그런 영웅담들이 현실과 혼동이 된다니까."

클린턴과 레이건 둘 다 거짓말을 했을 수도 있지만, 그들 역시 자기기만self-deception의 희생양이 된 거라고 너그럽게 생각하는 편도 나쁘지 않겠다. 심리학자 윌리엄 폰 히펠William von Hippel과 로버트 트리버스Robert Trivers에 따르면 자기기만 능력이 진화한 것은 거짓의 발각 위험을 낮춰주기 때문이라고 한다. 고의로 한 거짓말은 들키기가 쉽다. 특히 거짓말한 사람을 상대방이 잘 알고 있는 경우 더더욱 그렇다. 거짓말탐지기가 100퍼센트 정확할 수 없는 이유는 거짓말하는 사람 고유의 버릇에 맞추어 기계를 조율하기가 어렵기 때문이다. 친구가 거짓말을 하고 있다면 은연중의 머뭇거림이라든지 평소답지 않은 태도 때문에 알아채기가 쉽다. 반면 낯선 사람이 거짓말을 그럴 듯이 잘하면 깜빡 속아넘어가기 십상이다. 그런데 거짓정보를 흘리는 사람 스스로 그

정보가 진짜라고 믿고 있으면 진실을 말할 때와 똑같이 침착하게 이야기하게 되므로 말하는 사람 본인과 상대방 모두 속아넘어간다. 머릿속에 형성되는 사건의 이미지가 생생할수록 사람들은 거짓으로 기억된 사건들이 실제로 일어났다고 정말 믿게 된다.

어쨌든 모든 기억이 정확하고, 정확하게만 전달된다면 인생은 정말 따분했을지도 모른다. 인지심리학의 거장 고故 울릭 나이서Ulric Neisser 는 '기억은 테이프를 재생하거나 그림을 보는 것보다 이야기를 들려주는 것에 가깝다'고 썼다. 그리고 그 기억이 들려주는 이야기는 과거뿐 아니라 미래를 향하기도 한다. 이것이 다음 장에서 내가 설명할 내용이다.

3장

딴생각이 닿을 수 있는
끝과 끝은 어디인가?

현재의 시간과 과거의 시간은

어쩌면 모두 미래의 시간 속에 있는지도 모른다.

- T. S. 엘리엇, 베토벤 현악 4중주를 듣고

정신의 시간여행, 최고의 문제해결법

무언가를 기억한다는 건 우리의 정신이 과거를 향해 방랑하는 것이다. 정신은 미래로도 방랑할 수 있다. 내일이나 다음 크리스마스에, 혹은 남극의 얼음이 녹으면 무슨 일이 벌어질지 상상의 나래를 펼칠 때가 그렇다. 사실 자료에 따르면 사람들은 과거보다는 미래에 대한 생각으로 더 많은 시간을 보낸다고 한다. 시간은 과거에서 미래로 가차 없이 흘러가지만 과거와 미래 사이에는 자연스러운 연속성이 존재한 다. 우리가 하려던 일은 어느덧 이미 한 일이 되어버린다. 물론 실제로 그 일을 한다고 가정할 경우에 그렇다는 뜻이다. 가끔은 하지 않을 때 도 있는데, 그런 상황이 벌어지면 우리는 곧잘 "이런, 깜빡했네"라고 말한다. 그러고 보면 망각이라는 개념 역시 과거만이 아니라 미래에 대해서도 적용이 가능하다.

우리의 정신이 과거와 미래로 여행할 수 있고 그 사이에 매끄러운 연 속성이 유지된다는 사실은 시간이라는 개념의 바탕이 된다. 정신은 어 느 쪽으로든 시간여행을 할 수 있지만 그렇게 시간이 흘러가는 중에도 우리의 물리적인 삶은 현재에 뿌리를 박고 있다. 이미 흘러간 시간의 강물 속에는 우리 모두가 잊어버려 다행인 (혹은 기억할 수 없는) 특 별한 사건, 곧 출생이 있다. 그런가 하면 아이작 왓츠Isaac Watts가 가사 를 붙인 찬송가 '예부터 도움되신 주'의 다음 구절을 듣노라면 우리에 게 언젠가 다가올 또 하나의 특별한 사건을 떠올리게 된다.

세월이 흘러가는데 인생은 떠난다.
이 인생 백 년 살아도 꿈결과 같도다.

인간의 실제 삶이 출생과 죽음 사이에 막혀 있더라도, 우리는 출생과 죽음을 넘어 정신의 여행을 떠날 수 있다. 역사는 과거의 기록과 문헌 을 통해 혹은 고대 유물의 발굴을 통해 되살아나고 역사소설이나 영화에서 생생하게 각색된다. 미래의 모습을 그린 시나리오들은 놀라운 신세계나 곧 닥칠 재앙에 대해 이야기한다. 레이 브래드버리의 디스토피아적인 소설 《화씨 451Fahrenheit 451》은 책이 금지되고 책이 있는 집들은 불태우라는 명령이 내려지는 미래의 미국 사회를 그린다. 브래드버리 본인은 "나는 미래를 예측하려 한 게 아니다. 그런 미래가 다가오는 걸 막으려고 했다"고 말했다지만, 어쨌든 이 암울한 전망이 책 판매에 영향을 주지 않은 것은 다행이다.

인간이 시간이라는 개념을 발견한 이상, 시간이 얼마나 멀리까지 뻗을 수 있느냐에 대해서도 궁금증을 가져볼 만하다. 물리학자들은 137억 7,000만 년 전 빅뱅으로 이 모든 것이 시작되었고, 앞으로 75억 년 뒤에는 태양이 너무 커지다 못해 지구를 집어삼킬 거라고 전망한다. 이런 대변동의 가능성은 우리를 상상력의 경계 밖으로 밀어낸다. 정신이 시간여행의 한계를 훌쩍 뛰어넘어버리는 것이다. 정말로 그런 일이 예측된다면 인류는 태양이 조금 덜 이글거리는 우주 어딘가로 거처를 옮기려고 궁리하지 않을까 싶지만, 그야말로 꿈같은 이야기가 아닐 수 없다.

우리는 기억된 과거에 상당 부분 의존해 미래를 구성한다. 기억은 지식이라는 형태뿐 아니라 기억된 일화의 형태로, 우리가 미래의 계획을 세우는 데 필요한 구성요소 역할을 한다. 앞 장에서 나는 피험자들에게 과거 사건 100가지를 기억하게 하고 각 사건에 연루된 사람, 물건, 장소를 파악하게 한 실험을 소개했다. 그 실험은 이후 다음과 같이 계속된다. 우리는 기억된 요소를 재구성해 새로운 조합을 만들고, 피험자들에게 그 조합을 기반으로 미래의 사건을 상상해보게 했다. 예를 들어 한 피험자가 친구 매리가 도서관에서 노트북을 떨어뜨렸고, 남동생 톰이 공원에서 자전거를 타다 넘어졌고, 동료 셰인이 부엌에서 소시지를 요리한 사건을 기억했다고 치자. 이 피험자는 나중에 우리의 요청에 따라 친구 매리가 공원에서 소시지를 요리하는 미래의 사건을 상상할 수 있다. 실제 일어나지는 않았지만 쉽게 상상이 가능한 사건이다. 우리의 연구에 따르면 이같이 과거의 사건을 기억할 때 활성화되는 뇌영역이 미래의 사건을 상상할 때 활성화되는 영역과 상당 부분 겹치는 것으로 나타났다. 뇌는 둘의 차이를 거의 느끼지 못하는 것이다.

기억상실증을 앓는 사람들은 보통 과거의 사건을 기억할 때 못지않게 미래의 사건을 상상할 때도 큰 어려움을 느낀다. 앞 장에서 만나보았던 헨리 몰레이슨이나 클라이브 웨어링 역시 과거의 사건을 기억하지 못한 것과 마찬가지로 미래의 사건을 예상하지 못했다. 데보라 웨어링Deborah Wearing은 남편 클라이브 웨어링에 관해 쓴 책에 '영원히 오늘Forever Today'이라는 제목을 붙였고, 수잔 코킨은 헨리 몰레이슨에 관한 자신의 책에 '어제가 없는 남자Permanent Present Tense'라는 표제를 달았다. 두 책의 제목은 클라이브와 헨리 모두에게 과거 또는 미래의 개념이 없었다는 사실을 포착하고 있다. 두 사람의 정신은 어디론가 방랑할 곳 없이 현재에 묶여버린 상태였다. 한번은 헨리에게 "내일 무엇을 하실 생각이세요?"라고 묻자 그는 "뭐든 이로운 일을 해야죠"라고 대답했다. 어쩌면 그는 과거나 미래로 정신의 방랑을 떠날 수 없었기 때문에 보통 사람들의 공상에 종종 수반되는 걱정으로부터 자유로울 수 있었고, 유난히 온순하고 협력적인 피험자가 되었는지도 모른다.

또 다른 중증 기억상실증 환자 'N. N.'이 심리학자 엔델 털빙Endel Tulving과 나눈 대화를 소개한다.

> 털빙: 미래에 대한 질문을 해보겠습니다. 내일 무엇을 하실 건가요?
>
> N. N.: (15초 침묵) 모르겠어요.
>
> 털빙: 질문을 기억하세요?
>
> N. N.: 내일 무엇을 할 거냐는 질문이요?
>
> 털빙: 맞아요. 그걸 생각해보려고 할 때의 정신상태를 어떻게 표현하시
>
>   겠어요?
>
> N. N.: (5초 침묵) 텅 빈 것 같아요.

내일 무엇을 할지 생각할 때의 정신상태와 어제 무엇을 했는지 생각할 때의 정신상태를 비교해보라고 했더니 N. N.은 '마치 호수 한가운데서 헤엄치고 있는 것처럼 완전히 텅 비어 있다'고 표현했다.

우리가 앞으로 일어날 일을 구상할 때의 여러 가지 시나리오는 과거의 일화를 바탕으로 한다. 예를 들어 저녁파티를 준비한다면 재구성 과정을 거쳐 새로운 장소를 마련하거나 새로운 조합의 인물들을 떠올려야 한다. 과거의 일화에 대한 기억 자체가 항상 정확하지는 않은 이유를 여기서 짐작해볼 수 있다. 기억을 바탕으로 미래를 설계하려면 정확한 기억보다는 유용한 기억이 필요하기 때문이다. 우리는 가능한 미래들을 이리저리 구상해보면서 제일 괜찮아 보이는 계획을 선택한

다. 가장 신나는 계획 혹은 최악을 막을 수 있는 계획이면 된다. 예를 들어 결혼식에 대한 여러 가지 시나리오를 마음속으로 상상해본다 치자. 장소를 어디로 할지, 누구를 초대할지, 어떤 음악을 연주할지, 아니면 구태여 번거로운 결혼식을 할지 말지까지도 상상해볼 수 있다. 우리는 구직 면접, 소개팅, 테니스 시합의 경우에도 최선의 전략을 찾아내고 싶은 바람으로 수없이 다양한 버전을 머릿속으로 그려본다. 바로 이 기억의 유연함 덕분에 미래는 제대로 대비할 수 있지만, 과거의 기억은 때로 뒤죽박죽이 된다.

아이들의 성장과정을 살펴보면 과거를 기억하는 능력과 미래를 상상하는 능력은 약 3~4세 무렵 동시에 나타나는 것으로 생각된다. 그러나 두 능력 모두 하룻밤 사이에 생겨나지는 않는다. 세 살배기 꼬마들은 어린이집이나 놀이방에서 무슨 일이 있었는지, 혹은 내일 어떤 일이 벌어질지 제대로 설명할 능력이 없어 보이는 경우가 많지만, 그래도 새로운 노래나 게임, 새로운 단어들을 배운다. (가끔은 사용해서는 안 될 말까지 배워오기도 한다.) 아이들의 머릿속에 이미 일어난 일이나 앞으로 일어날 일에 대한 개념이 있을지는 몰라도, 그것을 조리 있게 엮어낼 정신적 기제가 부족하다. 그러나 토머스 서던도프Thomas Suddendorf와 동료들의 연구에 따르면 4세 무렵 대다수 아이들이 가능성 있는 미래 사건을 구성할 수 있는 기본적인 정신소양을 갖추게 된다.

어린아이들의 언어능력이 아직 충분히 발달하지 않아 자신이 한 일이나 하려고 계획하는 일들을 표현할 단어를 찾지 못하는 것일 수도 있다. 그러나 이 주장은 거꾸로 뒤집어볼 수도 있다. 언어라는 건 '존재

우리는 기억된 과거에
상당 부분 의존해
미래를 구성한다.

하지 않는 것non-present'을 전달하기 위해 만들어진 만큼 시간이라는 개념 자체가 등장할 때까지는 언어가 발달하지 않는 건지도 모른다. 진화과정을 들여다봐도 인류는 정신의 시간여행을 할 능력이 발달되고 나서야 정신의 여행에 대해 이야기할 능력을 갖추게 된 것 같다. 이 부분은 다음 장에서 자세히 살펴보기로 하자.

앞 장에서 우리는 자신의 이미지를 만들어내기 위해 기억을 조정한다고 이야기했다. 예를 들어 정치인들은 실제로 하지도 않은 자신의 용감무쌍한 행동을 곧잘 기억해내는 듯하다. 우리는 미래의 이미지도 만들어낸다. 소설가 헨리 제임스의 형이자 과학심리학의 창시자로 일컬어지는 윌리엄 제임스는 '당면한 현재의 나immediate present Me'와 '과거의 나Me of the past'에 대비되는 개념으로 '가능성 있는 사회적 나potential social Me'에 대해 설명했다. 그보다 최근에 헤이젤 마커스Hazel Markus와 폴라 뉴리어스Paula Nurius도 이와 비슷하게 '가능 자아possible selves'에 대해 소개했다.

가능 자아란 우리가 과거의 자기 자신을 잘 알면서도 미래의 자신에게 새로운 이미지를 기대하는 현상을 바탕으로 한다. 다양한 가능 자아는 삶을 헤쳐 나아감에 있어 커다란 동기부여 요소가 되어 우리를 이끌어준다. 마커스와 뉴리어스의 설명대로라면 '나는 '지금' 심리학자지만, 앞으로 레스토랑 주인, 마라톤 선수, 언론인, 혹은 장애아동의 부모가 '될 수도' 있는 것'이다. 미래의 이미지는 긍정적일 수도 있고 부정적일 수도 있다. 나는 사교모임이든 럭비 경기든, 아니면 연구업적에서든 굉장한 성공을 거두며 잘나가는 내 모습을 상상할 때도 있고, 손대는 일마다 번번이 실패하는 내 모습을 그려보기도 한다.

미래의 자아에 대한 상상은 죽음 이후로까지 확장될 수 있다. 일생의 한계를 넘어 상상할 수 있는 능력은 종교적 신념에 힘을 실어준다. 천국이나 지옥을 스스로 만들고 상상하는 것이다. 심지어 더 나은 사후의 삶을 약속하며 현재의 삶에서 끔찍하고 자기파괴적인 행동을 하도록 사람들을 유인하는 일도 가능하다. 이슬람교의 어린이들은 아주 어릴 때부터 현세에서 삶의 주된 목적은 내세에서의 영원하고 행복한 삶을 준비하는 것이라고 배운다. 이런 약속은 틀림없이 2001년 9월 11일 뉴욕 쌍둥이 빌딩을 향해 비행기를 몬 테러리스트들의 동기부여에 도움이 되었을 것이다. 2차세계대전 중 천황을 위해 기꺼이 목숨을 바친 일본 카미카제 조종사들도 마찬가지로 다음 생에 보상을 받을 거라 믿었을 것이다. 카미카제는 신풍神風, 즉 '신의 바람'이라는 뜻으로 보드카, 트리플 섹, 라임주스로 만든 칵테일의 이름이기도 하다. 죽을 만큼 먹고 싶은 칵테일이라는 의미로 붙여진 이름일 것이다. 기독교의 다양한 종파들도 태형, 청빈서원, 침묵의 서약에 탐닉해왔다. 아마도 사후에 더 목가적인 삶을 살 수 있을 거라는 희망에서였을 것이다.

천국과 지옥이라는 바로 그 개념은 인간의 행동을 왕과 지배자에게 유리하도록 조종하는 데 아주 효과적으로 사용될 수 있다. 죽음 뒤의 삶을 제안하고 거기에 보상과 처벌을 결부시키는 것은 실로 기발한 방법이다. 우리가 사후의 삶에 만족할지 낙담할지는, 적어도 이런 감정들이 살아 있는 사람들에게만 국한되어 있는 한 전혀 확인할 길이 없기 때문이다.

전생을 믿어야 할 이유는 그보다 확고하지 않을 것 같다. 전생이 현세의 삶에 미치는 영향력이 거의 없기 때문이다. 물론 자신의 어떤 특성이 전생에서 비롯되었다고 주장할 수는 있다. 예전에 나의 동기생 중 한 명은 자신이 벤저민 프랭클린의 환생이라고 굳게 믿었다. 환생은 인도의 종교들만이 아니라 드루이드교, 견신론theosophy 같은 여러 종교에서 핵심적인 교리다. 플라톤, 피타고라스, 소크라테스 등 몇몇 그리스 철학자들도 환생을 믿었다. 불교 철학에서는 서로 다른 화신化身들이 인간, 동물, 몇몇 초인적 존재의 형태로 여섯 가지 세계六道에 퍼져 윤회한다고 여긴다. 사람이 또 다시 사람의 형태로 환생하는 일은 아주 드물다고 한다. 나의 옛 동기생 말을 믿는다면 벤저민 프랭클린은 그런 예외적인 경우였을 것이다. 이와 같은 신념들은 정신의 시간여행이 갖는 독창성을 잘 보여준다.

우리의 행동 대부분은 어떤 식으로든 미래를 향해 있지만 그때마다 실제로 정신의 시간여행을 해야 하는 건 아니다. 본능적 행동이 진화한 것은 그러한 행동이 자신 혹은 자손의 생존 가능성을 높여주기 때문이다. 결국 그게 진화의 핵심 아니겠는가? 그러고 보면 본능조차도 미래지향적이다. 인간이 위험으로부터 달아나고, 침략자에 맞서 싸우며, 사과를 먹고, 새로 이사 온 이웃과 바람을 피우기도 하는 것은 그러한 행동의 결과를 상상해서가 아니라 두려움, 분노, 배고픔, 성욕이라는 본능에 의해 움직이기 때문이다. 우리가 배우는 많은 것들 역시 스스로 미래를 상상한 결과라기보다는 관습에 근거를 두고 있거나 배워두면 도움이 될 거라는 부모의 생각에 따른 결과다. 그러나 정신의 시간여행은 본능과 학습을 뛰어넘는다. 우리가 여러 가지 선택사항들을 시연해보고 그에 따라 예상되는 결과를 확인할 수 있게 해주는 유연성을 제공한다는 점에서다. 우리의 정신은 미래로 방랑해 무슨 일이 일어날지 내다볼 수 있다.

나는 진화에 대해 반론을 제기하고 있는 게 아니다. 정신의 시간여행 능력 '자체'가 분명히 자연선택을 통해 진화해온 것이다. 하지만 정신의 시간여행은 유전자 변화라는 느린 메커니즘에 비해 복잡한 세상의 긴급사태에 훨씬 더 유연하고 빠르게 적응할 수 있는 방법이다. 학습은 인생이 우리에게 던지는 도전과제에 조금 더 빠르게 적응할 수 있는 수단이지만 여전히 완행열차 수준에 머문다. 애써 학교를 다니고 피아노 교습을 받고 관습과 의례를 터득하지만, 이런 것들조차 가상의 시나리오를 떠올리고 삶을 미세조정하는 능력에 비하면 느리고 융통성이 떨어진다.

정신의 시간여행은 인간만의 고유한 특성일까?

1855년에 발표한 시 〈문법학자의 장례식 A Grammarian's Funeral〉에서 영국 시인 로버트 브라우닝은 '시간이 무엇이오? 지금Now은 개와 원숭이의 몫으로 남겨두시오! 인간에게는 영원이 있잖소!'라고 썼다. 시간이라는 개념과 더불어 정신의 시간여행이 인간 고유의 속성이라는

기억을 바탕으로 미래를 설계하려면
정확한 기억보다는
유용한 기억이 필요하다.

견해는 토머스 서던도프와 나를 비롯해 많은 사람들에게 지지되었다.

확실히 우리 인간들은 시간에 대해 강박감이 있는 듯하다. 시간 속에 위치하는 사건들은 우리의 의식적인 삶 속에서 커다란 비중을 차지한다. 과거의 추억에 잠겨 실제 혹은 상상 속 승리의 순간을 기뻐하는가 하면, 과거의 실수를 후회하기도 한다. 밝은 미래를 꿈꾸고, 태양 아래서 보내는 휴가를 상상하며, 닥칠지도 모를 재난들을 점쳐볼 때도 있다. 우리는 시계, 달력, 다이어리, 약속, 기념일, 그리고 세금에 지배당하고 있다. 우리는 10억 분의 1초부터 억겁에 이르는 다양한 단위로 시간을 측정한다. 어쩌면 좀 지나치다 싶을 정도여서, 부처의 조언에 귀기울이고 브라우닝의 개와 원숭이들처럼 좀더 현재를 살려고 노력할 필요가 있을지도 모르겠다.

독일 심리학자 볼프강 쾰러Wolfgang Köhler는 인간과 가장 가까운 침팬지들도 클라이브 웨어링처럼 현재에 묶여 있음을 시사했다. 쾰러는 1차세계대전 발발 당시, 마침 카나리 제도에서 프러시아과학원이 운영하는 영장류 연구소에서 근무 중이었다. 오도 가도 못하는 그곳에서 그는 커다란 옥외 우리에서 키우던 아홉 마리 침팬지의 행동을 연구하며 시간을 보냈다. 그의 연구는 침팬지가 총명하며 가끔은 단순한 시행착오가 아니라 통찰을 통해 기계적 문제를 해결한다는 점을 보여준 것으로 유명하다. 그러나 쾰러는 침팬지들의 이러한 문제해결 능력에도 불구하고 과거나 미래에 대한 개념은 거의 없다고 결론 내렸다.

그러나 인간만이 정신의 시간여행을 할 수 있고 과거와 미래의 사건을 상상할 수 있다는 견해는 반박의 여지가 많다. 일단 스웨덴 푸루

빅동물원의 수컷 침팬지 산티노의 경우를 살펴보자. 산티노는 돌멩이를 모아 관람객들에게 던지기를 좋아한다. 관람객들이 도착하기 훨씬 전에 돌을 모아서 방문객들의 눈에 띄지 않는 곳에 감추어둔다. 산티노가 미래의 특정 사건을 계획하고 있다는 인상을 지우기 어렵다. 어쩌면 탄약을 쟁여놓고 고소해하며 돌 던지는 장면을 머릿속으로 상상하는지도 모른다. 산티노만 그런 것이 아니다. 저서 《인간의 유래The Descent of Man》에서 찰스 다윈은 사람들에게 무기를 투척하고 이를 위해 진흙을 준비하는 희망봉의 개코원숭이 이야기를 들려준다. 무기를 비축하는 행동은 또 다른 위험 영장류인 '호모 사피엔스'의 특성이기도 하다. 미국과학자연맹에 따르면 러시아는 4,650기의 활성 핵탄두를 보유하고 있고, 미국의 보유량은 2,468기라고 한다.

유인원만이 아니다. 새들도 정신의 시간여행을 하는 듯한 증거가 있다. 캐나다산갈가마귀는 수천 개의 장소에 먹이를 감춰두었다가 나중에 완벽하지는 않아도 꽤 놀라운 정확도로 다시 찾아낸다. 덤불어치도 먹이를 은닉하는데, 실험에 따르면 이 새는 어디에 숨겼는지만이 아니라 어떤 먹이를 언제 보관했는지까지 기억한다고 한다. 예를 들어 덤불어치가 애벌레와 땅콩을 동시에 숨겨놓은 경우, 숨긴 뒤 얼마 안 되어 기회가 주어지면 애벌레를 회수할 것이다. 적어도 덤불어치의 입맛에는 땅콩보다 애벌레가 더 맛있기 때문이다. 그러나 어느 정도 시간이 지난 후라면 애벌레는 썩어서 먹을 수 없게 되므로 땅콩을 회수할 것이다. 이는 덤불어치가 어떤 먹이를, 언제, 어디에 숨겼는지 은닉행위를 자세하게 기억한다는 뜻으로까지 해석할 수 있다. 그러나 덤불어치가 실제 은닉행위를 기억한다기보다 얼마나 오래전에 숨겨두었는지를 알 수 있도록 각각의 먹이에 마음속으로 '사용기한'을 붙인다고 설명하는 편이 좀더 간단하다.

덤불어치는 또한 미래의 사건을 염두에 두고 먹이를 숨기는 듯하다. 먹이 감추는 광경을 다른 덤불어치에게 들켰을 경우, 다른 새가 현장에서 사라진 뒤 다른 곳에 먹이를 다시 숨길 때가 많다. 분명히 그 광경을 목격한 새가 나중에 먹이를 훔쳐갈 것을 두려워해서 하는 행동이다. 그런데 도둑은 도둑이 알아본다 했던가? 덤불어치는 다른 새가 숨겨둔 먹이를 훔쳐온 경우에만 먹이를 다시 숨긴다. 게다가 숨길 먹이의 선택권이 주어지면 덤불어치는 지금 먹고 싶은 것이 아니라 다음날 먹고 싶은 먹이를 생각해서 먹이를 고른다. 말하자면 아침식사를 준비하는 것이다.

마찬가지로 오랑우탄과 보노보들도 지금 당장은 필요 없더라도 최대 14시간 뒤를 위해 도구를 모아두는 것으로 나타났다. 어떤 침팬지 무리들은 호두를 까는 데 사용할 망치와 모루를 몇 년 동안이나 보관한다. 도구를 만드는 행동 자체가 정신이 미래로 시간여행을 한다는 증거라고 받아들일 수 있다. 뉴칼레도니아의 까마귀들은 잔가지와 철사 조각으로 도구를 만들어 기계적 문제를 해결한다. 경우에 따라 이것은 먼 미래를 계획해서라기보다 당장의 문제를 해결하기 위한 즉흥적인 행동일 수도 있다. 그러나 다른 사례들을 보면 앞날을 대비한 구체적인 계획성이 엿보인다. 이 까마귀들은 구멍에 숨어 있는 애벌레를 끄집어내기 좋도록 판다누스 나무의 잎사귀를 공들여 다듬는다. 부리를 사용해 부리로 무는 쪽 끝은 널찍하게, 구멍에 삽입하는 쪽 끝은 좁다 랗게 나뭇잎을 쪼는 것이다. 까마귀가 판다누스 나뭇잎을 선택한 이유 는 한 면이 까끌까끌한 털로 덮여 있어 유충이 달라붙으면 끄집어내기 가 편하기 때문이다. 이러한 도구제작 능력은 치밀한 계획성을 암시한 다. 까마귀에 뒤질세라 침팬지들도 구멍에서 흰개미를 낚아 올리기 위 해 막대를 만드는가 하면, 작살로 나무둥치 안을 후벼파서 갈라고 원 숭이를 사냥한다. 어느 군락의 침팬지들은 최대 다섯 개의 막대와 나 무껍질로 만든 기구들을 사용해 벌집에서 꿀을 꺼내먹는다.

그러나 이 모든 사례에서 동물들이 정말로 정신의 시간여행을 하고 과거나 미래의 사건을 상상한다고 단정지을 수 있는 증거는 없다. 정 신의 시간여행을 하는 것처럼 보이는 새나 침팬지의 행동을 본능이나 습관으로 설명하는 것도 가능할 때가 많기 때문이다. 예를 들어 먹이 를 숨기는 새들의 행동은 본능에 따른 것이다. 물론 다른 새가 훔쳐갈 것을 우려해 먹이를 다시 숨기는 덤불어치의 경우처럼 경험에 의해 수 정될 수는 있다. 다시 숨기는 행동조차 훔쳐갈 다른 새의 존재와 숨긴 먹이를 잃어버린 후속 상황 사이의 연관성이 학습된 결과지, 새가 실 제로 미래의 먹이 도난을 예상한 거라고 봐야 할 이유는 없다. 침팬지 의 도구제작 습성은 계획보다는 시행착오의 결과일 수 있다. 미래의 사건을 구체적으로 상상한 게 아니라 세대에서 세대로 전해져 내려온 행동에 따른 것이다. 우리 인간이 책 읽기나 피아노 연주처럼 여러 가 지 복잡한 기술들을 배우면서도 그것이 어떤 미래를 가져다줄지 의식 적으로 생각하지 않는 것과 마찬가지다.

미래지향적인 행동이라도 순전히 본능적일 수 있다. 매년 캐나다기러기들은 특유의 V자 대형으로 북쪽 지방의 매서운 겨울을 피해 남쪽으로 이주한다. 일부는 뉴질랜드 오클랜드까지도 날아오는데, 그 새들이 출발 전 뉴질랜드의 '가장 살기 좋은 도시'에서 만나게 될 즐거움을 머릿속으로 상상하는 기색은 전혀 없다. 이 점에서 캐나다기러기들은 추위를 피해 플로리다 또는 하와이로 움직이는 캐나다 사람들과 차이가 있다. 이 사람들은 분명 도착지에서 마주하게 될 일들을 즐거운 기대감 속에서 상상할 것이다. 본능은 둑을 쌓고 둥지를 지으며 거미가 거미줄을 치는 일은 물론 정교한 구애의식에 이르기까지 놀랄 만큼 복잡한 여러 가지 행동의 원동력이 될 수 있다. 그러한 행동은 미래의 생존에 맞추어져 있지만, 정신의 시간여행에 의존하지는 않는다.

심리학자와 생태학자들은 종종 동물이 인간과 비슷한 사고를 한다고 이야기할 때 신중을 기할 것을 당부해왔다. 영국의 생태학자 콘위 로이드 모건Conwy Lloyd Morgan은 다윈의 동료이자 옹호자인 토머스 헨리 헉슬리Thomas Henry Huxley 밑에서 공부한 사람인데, 모건의 공준公準이라고 알려진 다음과 같은 원칙을 정립시킨 것으로 유명하다.

어떠한 행동을 정신적 척도에서 낮은 단계에 위치한 정신능력의 발휘로 해석할 수 있는 경우에는 결코 그보다 높은 정신능력의 결과로 해석해서는 안 된다.

이 공준은 1894년에 제창되었지만 10년 뒤 똑똑한 말 한스Clever

Hans의 등장으로 그 중요성이 다시 부각되었다. 한스는 앞발의 발굽을 두드려 복잡한 질문에 대답을 할 수 있는 말로 유명했다. 예를 들어 '5분의 2 더하기 2분의 1은 뭐지?'라고 물으면 한스는 발굽을 아홉 번 구르고 잠시 멈추었다가 다시 열 번을 굴렀다. 얼핏 10분의 9라고 대답한 것처럼 보였다. 사람 이름을 물으면 한스는 한 번 두드리면 A, 두 번 두드리면 B와 같은 식으로 한 글자 한 글자 수고롭게 발굽을 두드려 대답했다. 유명한 심리학자였던 베를린대학의 카를 슈툼프Carl Stumpf 교수는 이 말의 천재성을 확신한 반면, 제자 중 한 사람인 오스카 풍스트 Oskar Pfungst는 한스가 실은 언제 두드리기를 멈출지 조련사가 보내는 미묘한 신호에 반응하는 것임을 밝혀냈다. 조련사 본인도 답을 만들어 내는 장본인이 한스가 아닌 자신임을 깨닫지 못했던 듯하다.

검약의 원칙이라고도 알려진 모건의 공준은 당연히 동물들이 정신의 시간여행을 할 능력이 있다는 견해를 겨냥한 것이다. 그러나 이렇게 인색한 설명은 동물 사촌들의 지능을 과소평가할 빌미를 주고 인간이 우월하다는 가정을 고수하는 데 도움을 줄 수도 있다는 점에서 불편한 느낌이 있다. 다음 시편 8장의 내용에서와 같이 성경 또한 이러한 생각을 부추긴다.

인산이 무엇이기에 이토록 기억해주십니까?
신들보다 조금만 못하게 만드시고,
영광과 존귀의 관을 씌워주셨습니다.
당신 손의 작품들을 다스리게 하시고,

만물을 그의 발 아래 두셨습니다.

저 모든 양떼와 소떼, 들짐승들 하며,

하늘의 새들과 바다의 물고기들…

인간 아닌 동물들이 인간 같은 사고를 하는가를 판단함에 있어 주된 관건은 인간만이 명료한 언어를 가지고 있다는 사실이다. 언어 자체가 로이드 모건의 표현을 빌자면 '높은 정신능력'이고, 실제로 일부 철학자와 언어학자들은 생각이라는 행위 자체가 언어에 의존한다는 입장을 (내 생각엔 잘못) 고수해왔다. 그러나 그게 사실이든 아니든, 인간은 경험과 생각을 이야기해달라고 요청하는 간단한 방법으로 상대방의 사고에 대해 많은 것을 알아낼 수 있다. 인간은 기억, 계획, 환상 등 정신의 시간여행을 말로 표현하는 데 아무런 어려움이 없다. 하지만 우리와 가장 가까운 친척인 침팬지와 보노보는 머릿속으로 무슨 생각을 하고 있는지 실제로 말을 할 수가 없다. 아무리 수다스러운 앵무새라도 마찬가지다.

하지만 어쩌면 동물의 마음을 들여다볼 수 있는 다른 길이 있을지도 모른다. 그리고 이를 바탕으로 동물들에게 실은 정신의 시간여행 능력이 있음을 주장할 수도 있다. 이를 설명하기 위해 나는 동물을 또 하나 (혹은 둘) 소개하려고 한다.

4장

무엇이 우리를
딴생각으로 이끄는가?

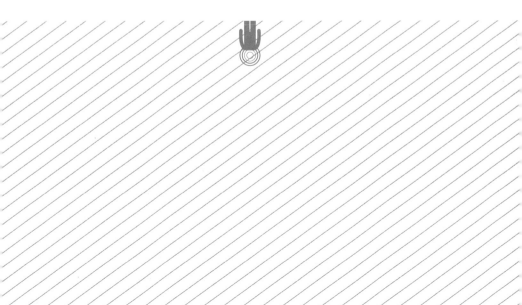

사람과 원숭이 사이에는 말을 하고, 기계를 만들고, 옳고 그름을 구분하고, 기도를 하는 것과 같이 다른 중요한 차이점들이 더 있을 거라고 생각할지 모르지만, 그것은 아이다운 상상에 불과하단다, 얘야. 위대한 하마 테스트 말고는 아무것도 믿어서는 안 돼요.

　　　　　　　　　　　　　　　　　－ 찰스 킹즐리, 《물의 아이들The Water-Babies》

　물론 킹즐리는 덩치 큰 하마hippopotamus를 말한 게 아니라 소해마 hippocampus minor라는 뇌 안의 작은 구조물을 가리킨 것이다. 이 구조 물은 1859년 다윈의 《종의 기원》이 발표된 이후 높은 관심의 대상이 되었다. 왜냐하면 저명한 해부학자 리처드 오언Richard Owen이 오직 인간에게만 소해마가 있다는 입장을 고수했기 때문이다. 오언은 이러한 입장에 기반을 둔 채 다윈의 이론이 시사하는 것처럼 인간이 유인원의 자손일 수는 없다고 반박했다. 다윈은 평소 온화한 성격이었지만 오언을 그다지 좋아하지 않아서, 그를 '악질적이고 부당하고 옹졸하고 극도로 악의적이며 거짓되고 무례하고 정의롭지 못하고 속좁고 엉큼한' 인간이라고 표현한 적도 있었다. 다윈의 이론을 열렬히 옹호해 '다윈의 불독'이라는 별명까지 얻은 생물학자 토머스 헨리 헉슬리는 사실 모든 유인원에게 소해마가 있음을 입증함으로써 오언이 틀렸음을 보여주었다. 찰스 킹즐리는 성공회 사제였음에도 다윈의 책에 처음으로 찬사를 보낸 사람 중 한 명이었고, 하마에 대한 풍자적 발언은 고매하신 오언 박사를 겨냥한 조롱이었다. 그러나 킹즐리 본인도 조금 혼동했던 것 같다. 앞 구절에 이어지는 내용은 다음과 같다.

> 너의 뇌 안에 대해마hippocampus major가 있으면 발이 없고 손이 네 개에다 원숭이 우리 안의 모든 원숭이보다 더 원숭이 같이 생겼더라도 원숭이가 아니란다. 하지만 만약 어떤 원숭이 한 마리의 뇌에서 대해마가 발견된다면, 네 할머니, 그 할머니의 할머니, 아주아주 한참 위의 할머니도 원숭이였을 가능성을 배제할 수 없겠지.

해마와 하마를 혼동한 것은 물론 고의였고 풍자의 의도가 담겨 있었지만, 실제 논란의 중심이 된 구조물은 대해마가 아니라 소해마였다. 그런데 그에게 예언능력이 있었던 걸까? 그의 말은 현실이 되었다.

소해마는 얼마 후 인간의 고유성을 상징하는 중요한 구조물로서의 지위를 잃어버렸고 아예 이름까지 사라졌다. 지금 소해마는 새발톱이라는 의미의 원래 이름 '조거calcar avis'로 알려져 있다. 오언과 헉슬리 사이에 벌어진 신랄한 논쟁에 관한 흥미로운 글에서 신경과학자 찰스 그로스Charles Gross는 논란이 잠잠해진 후 조거라는 용어는 '인체 해부학 교과서의 한 모퉁이에서나' 찾아볼 수 있게 되었다고 말했다.[1]

이보다 훨씬 더 흥미로운 것은 찰스 킹즐리가 의도치 않게 예언한 대해마다. 한때 어깨를 나란히 한 소해마의 지위 강등과 함께 이제 우리에게는 간단히 '해마'라는 이름으로 더 잘 알려져 있는 구조물이다. 우리가 뇌 속에 가지고 있는 것은 하마가 아니라 해마海馬다. hippocampus는 그리스어로 해마seahorse라는 뜻이다. 물에 떠다니는 바다생물인 해마와 닮은꼴이라 이런 이름이 붙었다. (여담이지만 해마는 수컷이 새끼를 낳는다고 한다.) 해마는 뇌의 측두엽 바로 안쪽, 대략 귀 뒤쪽에 위치한다.

해마 없이 우리는
딴생각에 빠질 수 있을까?

정신의 시간여행에 있어 결정적인 역할을 하는 것이 바로 이 해마다.

---

1 웹 오브 사이언스Web of Science를 검색해봐도 조거의 실질적인 역할에 대한 정보는 전혀 찾을 수 없었다. 나는 다만 'Pseudosolenia calcar-avis'라는 이름의 플랑크톤이 있다는 걸 알게 되었는데, 어쩌면 이 플랑크톤이 인간을 지금의 지위에서 밀어내려고 기회를 엿보고 있는 건지도 모른다.

우리의 정신이 과거나 미래로 시간여행을 할 수 있는 것은 해마 덕분이다. 2장에서 소개한 헨리 몰레이슨, K. C., 클라이브 웨어링 같은 기억상실증 환자들의 공통적인 특징은 모두 해마조직이 크게 손상되었다는 점이다. 남편 클라이브에 관해 쓴 책에서 데보라 웨어링은 뇌 스캔사진을 봤던 일을 언급하면서 '마침내 클라이브가 무엇이 문제인지 알아내고 항바이러스성 약물을 투여하기 시작했을 무렵, 그에게는 이미 기억이 있던 자리에 남은 해마 모양의 흉터자국밖에 없었다'고 기록했다.

해마는 사람의 정신이 과거나 미래로 시간여행을 할 때 활성화되는 시스템의 중심에 자리하고 있다. 앞에서 나는 보드게임 클루도를 살짝 변형시킨 실험에 대해 설명한 바 있다. 피험자들에게 인생의 사건 100가지를 떠올리게 한 다음, 이들 사건에 등장하는 사람, 물건, 장소를 재배치해서 새로운 조합의 미래 시나리오들을 상상하게 하는 실험이었다. 피험자들은 MRI 스캐너 안에 누운 상태로 이 과제를 수행하는데, 이때 활성화되는 뇌영역은 디폴트 모드 네트워크와 대체로 일치한다. 디폴트 모드 네트워크란 '뇌가 멍때릴 때' 활성화되는 네트워크로서 전두엽, 측두엽, 마루엽을 포함한다. 피험자들이 과거를 회상하든 미래의 사건을 상상하든 그건 별로 상관이 없지만, 두 경우에 활성화되는 영역이 광범위하게 중복된다는 사실이 주목할 만하다.

해마는 이 네트워크의 중앙역이다. 위쪽의 대뇌피질과 감정 처리를 담당하는 아래쪽 부위들을 포함해 네트워크의 다양한 영역들이 해마를 중심으로 서로 연결되어 있다. 이른바 '시간의식temporal consciousness', 즉 시간의 흐름 속에서 자기 위치를 파악하는 능력도 해마가 담당한다. 묘하게도 해마가 손상된 사람들은 시간 속에서 길을 잃고 현재에 묶여버린 듯이 보이지만, 다이애나 왕세자비의 죽음이라든지, 앞으로 대두될 가능성이 높은 획기적인 의학기술과 같이 본인이 직접 연루되지 않은 시간 속의 사건에 대해서는 답변을 곧잘 할 수가 있다. 해마의 역할은 개인적인 사건의 기록과 회수, 개인적인 계획의 수립 등 개인적 사안의 처리와 연관되어 있다.

해마는 전방 지향적 속성의 구조물인 것 같다. 앞쪽 끝(전방 해마)이 미래에 더 관여하고 뒤쪽 끝(후위 해마)이 과거에 더 관여하기 때문이다. 클루도 실험에서 피험자들에게 미래의 시나리오를 상상하게 하고 나중에 그것을 기억해보라고 요청했더니 해마의 양쪽 끝이 모두 활성화되곤 했다. 다시 말해 상상한 장면도 실제로 일어났던 일처럼 기억된다는 것이다. 어쩌면 이걸로 거짓기억을 설명할 수도 있겠다. 그러니까, 힐러리 클린턴은 보스니아에 도착했을 때 포화를 피해 달린 것으로 기억했지만 실제로는 평화롭고 화기애애한 분위기였다. 클린턴은 그곳에 도착하기 진에 위협적인 상황을 상상했는데, 이 기억이 실제 일어난 일처럼 뇌에 저장되었는지도 모른다. 하지만 누가 알겠는가? 그건 힐러리 자신도 모를 일이다.

해마는 정신의 시간여행에서 담당하는 역할 말고도 또 다른 재주가 있다. 공간 속에 위치들을 기록하는 재주다. 1978년 존 오키프John O'Keefe와 한때 나의 박사과정 동기였던 린 네이들Lynn Nadel은 훗날 신경과학 분야의 고전이 된 책《인지 지도로서의 해마The Hippocampus as

디폴트 모드 네트워크란
'뇌가 **멍때릴 때**'
활성화되는 네트워크다.

a Cognitive Map》를 집필했다. 이 책에서 저자들은 쥐의 해마 여러 부위에 미세전극을 삽입하고 그 활동을 기록하는 연구를 진행했다. 그랬더니 쥐가 미로에 들어갈 때마다 활성화되는 해마의 위치가 고정되어 있음을 알 수 있었다. 그 단세포 혹은 뉴런은 '장소세포place cell'라는 이름으로 알려지게 되었다. 마치 뇌 안에 GPS 시스템이 장착된 것과 같은 형국이다.

우리 인간의 해마에도 장소세포가 있는 것으로 밝혀졌다. 2003년 발표된 한 보고서에서, 신경외과 의사들이 난치성 간질 수술을 위해 추적관찰 중인 환자들의 해마와 다른 뇌 부위에 전극을 삽입했다. 원래는 간질 발작의 진원지를 파악하려는 목적이었지만 이 전극 덕분에 환자들이 컴퓨터 화면 상의 가상 마을을 탐험하고 누비는 동안 단세포들의 움직임을 기록할 수 있었다. 그랬더니 해마 세포의 일부가 가상 마을의 특정 위치들에 반응했다. 인접한 해마방회영역의 세포들 또한 마을의 주요 지형지물들에 반응했다.

그러나 해마는 고정된 지도가 아니다. 장소세포의 활동은 쥐든 사람이든 동물이 새로운 환경으로 이동하면 그에 맞게 조정된다. 또한 지도는 마치 인터넷 지도의 확대/축소 기능처럼 여러 가지 축척으로 존재한다. 가령 소축척 지도는 해마의 뒤쪽에 자리잡고 있고, 대축척 지도는 해마의 앞쪽에 위치해 있다. 시간정보 또한 마음대로 단위를 늘이거나 줄일 수 있는 달력에 기록된다. 그래서 우리가 1년, 하루 혹은 1분 단위로 과거를 재연하거나 미래를 상상할 수 있는 것이다. 해마와 인접한 영역에 공간과 시간이 표현되는 현상은 복잡할 뿐더러 아직 완전히 연구되지 않은 분야다.

해마는 공간능력이 더 필요해지면 그에 따라 더 커지기도 한다. 런던의 택시기사들은 이 넓고 혼란스러운 도시의 정확한 지리를 익히기 위해 강도 높은 훈련을 거친다. 지도를 보거나 GPS 시스템을 참고하거나 무전 또는 휴대폰으로 교환원에게 물어보지 않고 승객의 목적지까지 가는 가장 빠른 경로를 즉시 판단할 수 있어야 하기 때문이다. 이러한 요건은 1865년에 만들어졌고, 운전자들은 '널리지The Knowledge'라는 이름의 시험을 통과해야 런던에서 택시를 몰 수 있다.

그런데 택시기사들의 뇌 영상을 확인해봤더니 해마가 이례적으로 커져 있었다. 정해진 노선을 따라가기면 하면 되는 런던 버스기사들의 해마보다 더 컸다. 그러나 새로운 공간과제를 학습하는 능력은 런던의 버스기사들이 택시기사들에 비해 더 뛰어났다. 택시기사들이 이미 자그마한 해마가 감당할 수 있는 수준 이상으로 너무 많은 공간정보를 머릿속에 집어넣었기 때문일지도 모른다. 어쨌거나 해마는 쥐뿐 아니라 인간에게도 자신의 위치를 파악하는 데 중요한 기능을 담당하는 것으로 보인다.

사람의 해마와 마찬가지로 쥐의 해마도 기억의 저장에 있어 결정적인 역할을 한다. 고주파 전기신호를 연사해 해마의 한 세포를 자극하면 해당 세포와 그 세포와 연결된 상부 세포 사이의 연결(시냅스)이 강화된다는 사실은 꽤 오래전부터 알려져 있었다. 이 현상을 '장기 강화long-term potentiation'라고 하는데, 그 효과는 꽤 오래 지속되며 때로 몇 개월간 유지되기도 한다. 장기 강화는 원래 1966년 노르웨이 오슬로에서 테레 뢰모Terje Lømo가 토끼를 실험하여 입증해보인 현상이었으나, 이후 쥐를 비롯한 다른 종에서도 폭넓게 연구되었다. 장기 강화는 보통 기억의 토대로 여겨진다. 그렇다면 뇌 안의 세포연결이 강화됨으로써 기억이 형성되며, 해마가 거기서 지휘관 역할을 하고 있다고 이해할 수 있다. 그렇다고 기억이 해마에만 머물러 있는 것은 아니다. 장기 강화는 기억을 한동안 해마에 붙잡아 둘 수는 있지만, 기억은 결국 다른 뇌 영역으로 흩어져버린다. 그리고 그 기억을 되찾아오는 것도 해마다.

해마가 시간뿐 아니라 공간의 기록에도 관여한다는 건 놀라운 일이 아니다. 정신의 시간여행은 시공집합체 속에서 이루어지기 때문이다. 앞서 언급했다시피 정신의 드나듦을 기록하는 것은 정신여행의 중앙역인 해마다. 그런데 쥐와 인간의 해마가 하는 일이 비슷해 보인다는 사실로 인해, 앞 장에서 내가 제기한 '정신의 시간여행은 인간만의 고유한 특성인가?'라는 질문에 답할 수 있는 가능성이 열리게 되었다.

실험쥐 '월터 래티'의
은밀한 생활

앞서 언급한 1978년의 저서에서 오키프와 네이들은 시간 요소를 추가하면 '기본적인 공간지도가 인간의 일화기억 시스템으로 바뀐다'고 기술했다. 그런데 그 이후 대두된 의문점은 시간 요소가 포유류의 조상에게 이미 내재되어 있었는가라는 문제였다. 최근의 증거는 쥐들도 과거와 미래의 사건을 상상할 수 있음을 시사하고 있다.

쥐 해마의 징소세포는 쥐가 미로와 같은 특징 환경에 머물다 온 후에도 간간이 활성화된다. 이는 마치 쥐가 자신이 있었던 장소, 혹은 앞으로 가게 되거나 갈 수도 있는 장소를 적극적으로 기억 중인 것처럼 보이기도 한다. 이 활성화 현상은 마치 쥐가 미로에서의 궤적을 머릿속으로 되짚는 듯, 날카로운 물결 모양의 '예파형sharp wave ripples' 뇌파가 장소세포를 휩쓸고 지나가는 형태로 나타난다. 가끔은 쥐가 잠들어 있을 때 혹은 깨어 있지만 움직이지 않을 때에도 이러한 파형이 나타난다. 흡사 쥐가 꿈을 꾸거나 몽상을 하면서 미로에서 있었던 경험을 다시 떠올려보고 있는 것처럼 말이다. 실험용 쥐에게는 미로에 들어간 일이 하루 중 가장 신나는 순간이었을지도 모른다. 그렇게 본다면 물결 모양 뇌파는 쥐가 미로의 한 부분에서 다른 부분으로 정신적 방랑을 하고 있음을 시사한다.

이 정신의 산책길이 쥐가 실제로 거쳐간 경로와 반드시 일치하는 것은 아니다. 때로 뇌파는 쥐가 실제로 택한 경로와 정확히 반대방향으로 흘러가기도 한다. 심지어 쥐가 가본 적도 없는 미로의 한 구역 혹은 실제로 거치지 않은 위치들 사이의 지름길과 일치할 때도 있다. 이에 대해서는 물결 모양 뇌파가 미로에 대한 기억을 강화하는 기능을 한다는 한 가지 해석이 가능하다. 경험을 넘어선 하나의 기억으로 미로를 저장함으로써 나중에 사용할 수 있는 더 방대한 인지지도를 만드는 것이다. 그러나 정신의 방랑과 기억의 강화는 거의 같은 것일 수도 있다. 우리가 멍때리거나 딴생각을 하고 밤에 꿈을 꾸는 한 가지 이유는 과거에 대한 기억을 강화함으로써 미래의 사건을 머릿속에 그려보기 위해서다. 이것은 쥐도 마찬가지다. 꿈의 세계에 관해서는 7장에서 다시 다루기로 하자.

상상된 궤적은 실제 궤적보다 더 빠르다. 우리 인간의 정신적 방랑에서도 그렇다. 내 경우 작업실에서 집까지 걸어가면 한 시간 정도 걸리지만, 가는 길과 걸어가면서 만나는 지형지물들을 머릿속으로 떠올려보면 1분도 채 안 걸린다. 우리의 정신은 추월 차선으로 여행한다. 그러나 정신세계에서는 시간 자체가 더 빠르게 흘러가는 것인지, 아니면 우리가 여정의 주요 부분을 뭉텅뭉텅 생략하고 이곳저곳을 휙휙 옮겨 다니기 때문인지는 완전히 밝혀지지 않았다.

또 하나의 기발한 실험에서는 36개의 먹이구멍을 가로 6개, 세로 6개씩 배치한 환경에 쥐들을 집어넣었다. 쥐들은 그 먹이구멍을 통해 먹이를 먹어본 경험이 있기 때문에 이런 환경에 꽤 익숙했다. 연구원들은 이 중 하나의 먹이구멍을 '집'으로 지정해 여기서만 먹이가 나오게 하고, 쥐들을 다른 위치로 유인해 거기서부터 집을 찾아가야만 하는 상황을 만들었다. 연구원들은 해마의 여러 부위에서 뇌파를 기록했고, 그 결과 집으로 향하는 경로와 일치하는 물결 모양 뇌파를 발견했다. 그런데 흥미로운 건 쥐가 실제로 길찾기에 나서기 전부터 뇌파들이 나타났고, 그 경로는 대체로 쥐가 실제로 가본 적 없는 경로였다는 점이다. 쥐가 미래 사건을 향한 정신의 시간여행을 한다고 봐도 좋을 만하다. 이 연구자들은 해마가 '여러 개념적 맥락 안에서 기능한다'면서, 이를테면 '목적지까지의 경로를 행동 전에 유연하게 탐색해볼 수 있는 인지지도이자, 이른바 '정신의 시간여행'이라는 행위에 관여하는 일화기억 시스템으로서의 역할을 수행한다'고 설명했다. 한마디로 해마는 행동계획을 짤 수 있다는 뜻이다.

아울러 해마의 기록을 보고 쥐가 미로에서 선택지점에 이르렀을 때 어느 쪽으로 방향을 틀지 예측하는 것도 가능해 보였다. 실험에 사용된 쥐들은 미로의 특정 지점에서 왼쪽과 오른쪽으로 번갈아 방향을 틀도록 훈련되었다. 연구원들은 실험 사이사이 쥐들을 미로에서 꺼내 쳇바퀴에 올렸다. 달리는 동안 쥐의 해마에서 나타나는 물결 모양 뇌파 기록은 미로에서 택했던 경로와 일치했을 뿐 아니라 다음번에 미로에 들어가면 어느 쪽으로 방향을 틀지도 말해주고 있었다. 쥐들은 다음 방향 전환을 계획하고 있는 듯했다.

나도 러닝머신 위에 오르면 곧잘 멍때리기 시작하지만 러닝머신 위에서 달리는 시간을 활용해 나중에 할 일들을 이리저리 생각해볼 때도 있다. 쥐가 이전의 실험에서 자신이 택했던 길을 그저 곱씹어본 게 아니라 다음에 어느 길을 택할지 궁리한다는 걸 어떻게 아느냐고? 아무래도 쳇바퀴에서 보낸 시간 때문이었는지, 쥐들은 다시 미로에 들어갔을 때 가끔씩 오른쪽 대신 왼쪽으로 방향을 튼다든지 하는 실수를 했다. 그러나 이 오류는 해마의 움직임에 의해 미리 예고된 것으로서, 쥐가 실은 엉뚱한 방향전환을 계획하고 있었음을 보여준다. 이 연구자들은 해마의 활동이 '거리계산을 위해 진화되어왔으며, 사건을 단편적으로 회상하고 행동의 순서와 목표를 계획하는 데도 도움을 줄 수 있다'고 설명했다. 어쩌면 해마의 기록 덕분에 골키퍼들은 언젠가 키커가

시간과 공간을 넘나드는 이 모든 정신의 여정은
사람, 사건, 사물, 낙담과 승리의 순간들로 촘촘하게 채워져,
결국 **인생**이라는 풍성한 직물을 이룬다.

프리킥을 찰 때 어느 쪽으로 공을 찰 것인지를 미리 알게 될는지도 모른다.

이 쥐 실험들은 나의 뇌리에서 쉽게 떠나지 않았다. 보잘것없는 쥐들조차 정신의 시간여행에 탐닉한다는 사실을 보여주는 듯했기 때문이다. 쥐처럼 우리 인간도 지표면 위에서 살아가는 생명체이므로 물리적이든 정신적이든 우리의 방랑에는 공간이 핵심적인 역할을 담당할 수밖에 없다. 그렇다면 단순히 공간이동을 재현해보고 미리 연습해보는 행위로부터 정신의 시간여행이 진화했다고 해도 놀랄 일은 아니다. 쥐와 인간의 공통 조상을 찾으려면 대략 6,600만 년을 거슬러올라가야 한다. 그 긴 시간 동안 쥐와 인간의 정신능력은 확실히 다른 방향으로 발달해왔지만, 공간세계에서는 공간 안에서 생활하고 기억하고 계획하는 일과 관련된 기능이 중요하므로 그 기능만큼은 진화의 세월을 관통해 고스란히 전해져 내려왔을 것이다.

정신의 시간여행은 가장 먼저 진화하기 시작한 정신능력 중 하나임이 틀림없다. 움직이는 모든 동물의 생존에는 자신이 현재 있는 곳, 예전에 있었던 곳, 앞으로 갈 곳을 아는 것이 필수적이기 때문이다. 2장에서 나는 장소법이라는 기억술에 대해 설명한 바 있다. 사물의 목록을 어떤 친숙한 장소에 정신적으로 배치한 다음 그 공간을 마음속으로 거닐면서 기억해내는 방법이다. 이것이 우리의 공간적 유산에서 유래되었음은 의심할 여지가 없다.

공간이동의 전문가라고 할 수 있는 새들은 어떨까? 조류는 인간보다 훨씬 오래 전부터 공중여행을 즐겨왔으며, 투박한 기계를 이용한 인간보다 훨씬 더 우아한 모습으로 비행한다. 한때 새에게는 해마가 없다고 여겨졌기 때문에 해마의 기능 때문에 인간이 날 수 없다는 말도 안 되는 이론이 등장한 적도 있다. 그러나 새의 뇌는 포유류의 뇌와 약간 다르게 구성되어 있고, 새의 뇌에도 포유류의 해마에 상응하는 부위가 있는 것으로 밝혀졌다. 포유류의 해마가 포유류 배아의 일부에서 파생되듯이 새의 해마도 그에 상응하는 배아의 부위로부터 발달한다. 해부학자들은 이제 이 부위를 '조류 해마avian hippocampus'로 인정한다. 조류 해마는 비행능력에 저해가 되기는커녕 새들의 이동계획뿐 아니라 먹이채집 전략에도 결정적인 역할을 수행한다. 예상할 수 있듯이 여러 위치에 먹이를 숨기는 새들은 그런 습성이 없는 새들에 비해 해마가 크다. 이 점에서 그 새들은 조류 버전의 런던 택시기사들이라고 할 수 있겠다.

물론 우리 인간의 정신적 여행은 단순히 이곳에서 저곳으로 이동하는 것보다 더 복잡하다. 일단 우리의 인지지도는 탁월한 유연성을 자랑한다. 앞서도 언급했지만 확대와 축소가 가능한 것이다. 간단하게 세상구경을 한번 해볼까? 먼저 당신이 지금 나처럼 책상 앞에 앉아 있다고 상상해보라. 절반쯤 완성한 십자말풀이, 쌓아둔 책 몇 권, 빈 컵 등 책상 위의 다른 물건들을 떠올릴 수도 있겠다. 거기서 약간 시야를 넓혀 방, 소파, 저쪽 벽을 빙 둘러싼 책꽂이, 복도로 나가는 출입문을 상상해보라. 그리고 한 번 더 시야를 넓혀 집이나 아파트 주변을 마음속으로 돌아다녀보라. 이번에는 동네 전체로 시야를 더 넓혀본다. 옹기종기 늘어선 상점과 버스정류장, 교차로가 눈에 들어올 것이다. 크게 심호흡을 하고 도시로, 나라로, 세계로 계속해서 화면을 줌아웃해 보라. 파리에서 뉴욕으로, 뉴욕에서 이탈리아 알프스 산 속 이름 모를 마을로 휙휙 날아다닐 수도 있다. 또 이러한 위치는 부정확하게나마 시간과 연결시킬 수 있다. 사람은 한 시점에 한 장소에만 존재할 수 있으므로 위치는 결국 시간이다. 시간도 마찬가지로 확대와 축소가 가능하다. 1초, 1분, 한 시간, 하루, 한 주, 한 달, 한 해, 10년 단위로 과거를 되돌아보거나 미래를 내다볼 수 있다.

시간과 공간을 넘나드는 이 모든 정신의 여정은 사람, 사건, 사물, 낙담과 승리의 순간들로 촘촘하게 채워져, 결국 인생이라는 풍성한 직물을 이룬다. 우리는 인생에서 일어난 많은 일들을 잊어버리지만 또 제법 많은 부분을 기억한다. 자서전을 쓰거나 옛날 이야기로 동료나 자녀들을 따분하게 만들기에 거뜬한 양이다. 과거만이 아니라 앞으로의 계획 역시 단순히 일터로 가는 새로운 길을 택하는 것보다는 복잡하다. 여기에 더하여 의식적인 삶의 상당 부분을 차지하고 있는 허구의 세계, 꾸며낸 이야기, 환상도 있다. 이에 대해서는 6장에서 자세히 설명하기로 하자.

토머스 서던도프와 나는 '정신의 시간여행'이라는 개념의 틀을 잡으면서 과거든 미래든 상상의 일화를 구성하는 데 필요한 추가적인 정신 자원들도 간단히 정리했다. 우선 일화를 만들어낼 실행 프로세서가 필요할 것이고, 정보가 사라져버리지 않도록 이를 보유할 완충 기억장치도 필요할 것이다. 앞 장에서 나는 서던도프와 동료들의 연구에 대해 설명하면서 아이들에게는 대략 4세 전까지 과거 사건들을 완벽하게 조리 있는 일화로 엮어낼 능력이 없다고 이야기했다. 그렇다고 해서 실험쥐 '월터 래티'가 4세 아동 정도의 정신적 기제를 갖추고 있다고 가정하기는 무리일 것이다.

하지만 이런 특징들 때문에 정말로 인간의 정신적 여행이 다른 생물들의 정신적 여행과 차별화된다고 말할 수 있을까? 우리는 인간 이외의 종에게 믿기 어려울 정도로 인간 같은 특징이 있다고 단정해버리는 '똑똑한 말 한스'의 오류를 경계해야 하지만, 어느 동물도 침입할 수 없는 난공불락의 정신적 요새를 짓는 행위 또한 경계할 필요가 있다. 데이비드 스미스David Smith와 셰리 미즈모리Sheri Mizumori는 일화기억에서 해마의 역할에 관해 2006년 선견지명이 돋보이는 논문을 발표한 바 있다.

> 설치류에게 의식과 정신의 시간여행 능력이 있는지에 관한 논쟁은 다른 이들에게 맡기도록 하겠다. 어쨌거나 심리학의 역사는 '인간 고유의' 인지기능들이 나중에 이른바 하등동물에게서 발휘되는 사례들로 점철되어 있다. 포유류의 신경계가 서로 놀라울 정도로 유사하고 이전의 경험을 똑똑히 회상할 수 있는 능력이 그토록 분명한 적응적 가치를 지닌다면, 상충되는 증거가 없는 한 가장 보수적인 입장을 취하더라도 설치류가 인간과 질적으로 비슷한 일화기억 시스템을 갖고 있다고 가정하는 것이 타당하지 않을까 한다.

찰스 킹즐리라면 이 대목에서 분명히 박수를 쳤을 것이다. 그리고 또한 명의 찰스는《종의 기원》에서 이렇게 썼다.

'인간과 고등동물이 보이는 정신능력의 차이는 비록 크긴 하지만 분명히 정도의 차이일 뿐 종류의 차이는 아니다.'

그러나 월터 래티의 정신적 여행이 다다르지 못하는 장소가 하나 있다. 그 점은 월터가 감히 꿈꿔보지도 못한 인간의 정신적 방랑에 대해 뭔가를 말해줄지도 모른다. 다음 장에서 그 이야기를 이어가도록 하자.

5장

우리는 어떻게
타인과 공감하는가?

다른 사람의 입장이 어떤지를 상상하는 것이야말로 인간애의 핵심이다.
- 이언 매큐언, '오직 사랑, 그리고 망각Only Love and Then Oblivion'[1]

이 책의 초반부에서 제임스 서버의 단편《월터 미티의 은밀한 생활》
을 인용하며 언급했듯이 공상을 하는 주체는 사실 월터 미티가 아니
다. 상상의 나래를 펼친 사람은 다름 아닌 제임스 서버 자신이다. 저자
는 소설 속 인물의 마음속으로 들어가 그 인물이 위험한 임무 중에 딴
생각을 하도록 설정했다. 소설에서와 마찬가지로 일상생활에서도 우
리는 다른 사람들의 정체성을 취하곤 한다. 훌륭한 배우는 자신을 타

---

1   9.11 테러 직후인 2001년 9월 15일 《가디언》 지에 실린 에세이다.

인에게 이입시키고 관객들이 그 인물에 푹 빠져들게 만든다. 텔레비전 드라마를 통해서도 우리는 다른 가족이나 상황 속으로 들어가 스스로를 가상의 인물들과 동일시한다. 우리는 자신도 모르는 사이에 습관적으로 타인의 성격을 판단하고, 그들이 어떤 식으로 생각하고 행동하는지 알아내려고 노력한다. 그렇게 하는 이유는 면접자의 채용 여부를 결정하기 위해서, 누군가에게 자문을 구할지 말지 판단하려고, 혹은 맞선남과 결혼해도 괜찮을지를 가늠하기 위해서 등 다양하다.

다른 사람이 무슨 생각을 하고 있는지 알 것만 같은 느낌 때문에 사람들은 텔레파시, 즉 초능력을 믿게 되었다. 오감을 통한 직접적인 접촉 없이 마음이 서로 통할 수 있다고 여기는 것이다. 1장에서 나는 독일 의사 한스 베르거의 사례를 소개했다. 그가 말에서 떨어졌을 때 수 킬로미터 떨어져 있어서 사고소식을 듣거나 현장을 보았을 리 없는 그의 누이가 낙마사실을 감지했다는 이야기 말이다. 베르거는 이것이 텔레파시의 일례일지도 모른다고 생각했지만 텔레파시를 전기적으로 증명해 보이려던 그의 시도는 실패했다. 그럼에도 많은 유명인들은 비물리적 수단을 통해 생각이 전이될 수 있다고 굳게 믿었고, 심지어는 우리가 죽은 사람들과 혹은 죽은 사람들이 우리와 텔레파시로 소통할 수 있다고까지 생각했다.

이러한 발상은 19세기 후반 영국에서 특히 인기를 얻었다. 1882년 런던에 심령연구회Society for Psychical Research가 설립되었다. 텔레파시를 비롯해 유령, 몽환상태, 공중부양, 영매, 죽은 사람들과의 소통 등 이른바 심령현상들을 연구하기 위한 목적이었다. 초대 회장은 훗

날 캠브리지 트리니티 칼리지의 윤리학 교수가 된 헨리 시지윅Henry Sidgwick이었고, 그밖에 잘 알려진 회원으로는 실험물리학자 레일리 경 Lord Rayleigh, 1902년부터 1905년까지 영국 수상을 지낸 철학자 아서 밸푸어Arthur Balfour, 셜록 홈즈 시리즈의 저자인 아서 코난 도일 경 등 이 있었다. 심령연구회는 지그문트 프로이트와 칼 융 같은 유명 심리 학자들을 매료시켰고, 미국 심리학자 윌리엄 제임스는 여기에 자극을 받아 미국심령연구회를 설립했다.

초감각 또는 ESPextrasensory perception라고도 하는 텔레파시를 여전 히 믿고 있는 사람들이 많다. 1979년 1,000명이 넘는 미국의 대학교수 들을 대상으로 실시한 설문조사 결과 자연과학자의 55퍼센트, 사회과 학자의 66퍼센트, 그밖에 예술, 인문, 교육분야의 학자 77퍼센트가 초 감각이 기정사실이거나 존재 가능성이 높다고 대답했다. 물론 대학교 수들은 무엇이든 선뜻 믿는 경향이 있다. 그러나 찬물을 끼얹는 건 심 리학자들이다. 심리학자들의 경우 불과 34퍼센트만이 초감각을 믿었 고, 초감각이 불가능하다고 믿는 비율도 그와 비슷했다. 나는 이러한 수치가 그동안 크게 달라졌거나 미국 이외의 지역이라고 해서 확연하 게 다를 거라고 보지 않는다.

초감각에 의하면 어떤 영향력이 빛, 소리, 냄새, 전파와 같은 뚜렷한 물리적 매개체 없이 멀리서도 발휘될 수 있어야 하는데, 이것은 생리 학적으로나 물리학적으로 타당하지 않고 전혀 터무니없는 소리다.

그런데 어쩌면 마냥 터무니없는 얘기가 아닐 수도 있다. 어떤 학자들 은 물리적 실재의 본질에 호소해왔다. 영국 물리학자 존 스튜어트 벨의 정리에 따르면 양자역학과 부합하는 모든 실재의 모형은 반드시 비국소적non-local이어야 한다. 다시 말해 한 번이라도 서로 연결된 적이 있는 입자는 얽힌entangled 상태가 될 수 있어서, 나중에 떨어지더라도 한 입자에 대한 측정값이 얽힘관계에 있는 다른 입자의 측정값에 영향을 줄 수 있다는 것이다. 입자들이 얼마나 멀리 떨어져 있느냐는 상관이 없고, 한쪽에서 다른 쪽으로 물리적인 신호가 전달되지 않아도 가능하다. 이것은 사람에게도 적용될 수 있다. 주변 지인 혹은 연인이나 배우자처럼 아주 잘 아는 사람들과 여러 개의 얽힘이 있다면 더욱 그럴 수 있다. 아무튼 초감각에서는 그렇게 설명한다.

2006년에 출간된 책 《얽혀 있는 정신: 양자 현실에서의 초감각적 경험Entangled Minds: Extrasensory Experiences in a Quantum Reality》에서 초심리학자이자 한때 엔지니어 겸 바이올리니스트였던 딘 라딘Dean Radin은 실제로 벨의 정리가 시사하는 원격의 물리적 상호작용으로 초감각을 설명할 수 있다고 주장했다. (초감각은 프시psi라고도 한다.) 그가 내린 결론은 다음과 같다.

지난 한 세기 동안 물리적 실재의 구성에 대한 근본적인 가설 대부분은 진짜 프시가 예측하는 방향으로 수정되어왔다. 내가 프시를 인간이 경험하는 얽힌 세계라고 주장하는 이유는 바로 이 때문이다. 현재 기조적인 원자계에서 이해되고 있는 양자얽힘만으로는 프시를 설명하기에 불충분하다. 그러나 얽힘과 프시가 함축하는 존재론적 병렬은 매우 설득력 있어 그냥 무시해버리는 것은 어리석은 짓이라고 생각한다.

만약 한스 베르거가 소립자물리학에 대해 좀더 알았더라면 다른 내용의 실험을 했을 것이다.

심리학계를 계속 예의 주시하면서 간혹 얽힌 입자들과 지적인 접촉을 하려고 노력하는 심리학자로서, 나는 단호히 회의적인 입장을 고수한다. 얽힌 입자들이 인간의 정신과 어떤 관계가 있을 것 같지는 않다. 초자연적 현상의 존재 여부를 검증하기 위해 수천 번의 실험이 수행되었지만 이제껏 발표된 증거는 설득력이 떨어진다. 더군다나 가장 부정적인 결과는 미발표 상태로 남게 된다는 점을 고려해야 한다. 나는 언젠가 내 회의적인 태도에 반발하는 몇몇 학생들의 도전을 받아 우리끼리 실험을 꾸민 적이 있는데, 결과는 끈질기게 부정적이었고 당연히 지금까지도 공개되지 않았다.

사람들이 육체에서 분리된 정신을 믿고 싶어 하자 이를 악용하는 사기꾼들이 재빨리 등장했다. 유명한 사례 중 하나가 유리 겔러다. 이스라엘계 영국인 무대 공연자인 그는 1970년대 초능력을 보여주는 텔레비전 쇼 덕분에 명성을 날렸다. 그는 생각의 힘으로 숟가락을 구부리는 묘기로 가장 잘 알려져 있는데, 이게 만약 사실이라면 이러한 현상을 염력의 한 예라고 말할 수 있을 것이다. 그러나 다른 마술사들이 굳이 초능력에 의지하지 않고도 손과 숟가락의 교묘한 속임수를 통해 유리 겔러의 묘기를 간단하게 재연해 보였다. 그 가운데 한 명인 제임스 랜디는 《유리 겔러의 마술 The Magic of Uri Geller》이라는 책을 썼고, 이 책은 나중에 《유리 겔러에 관한 진실 The Truth About Uri Geller》로 제목이 바뀌어 재출간되었다. 랜디의 연구를 더욱 발전시키기 위해 1996년 제임스 랜디 교육재단이 설립되었다. 이 재단은 초능력을 입증해 보일 수 있는 사람에게 100만 달러의 상금을 주겠다고 공언했으나 오늘날까지 아무도 이 상금을 받아간 사람은 없다. 혹시 도전해보고 싶은 사람은 www.randi.org를 참고하기 바란다.

유리 겔러의 위업을 발가벗긴 사람들은 또 있다. 뉴질랜드의 두 심리학자 데이비드 마크스David Marks와 리처드 카먼Richard Kammann이다. 그들은 텔레비전에 나와 초능력임을 내세우지 않고 그의 묘기를 똑같이 재연해 보였다. 그들 역시《초능력자의 심리학The Psychology of the Psychic》이라는 제목으로 여러 가지 심령현상과 특히 유리 겔러의 실체를 폭로하는 내용의 책을 썼다. 나는 이런 책들을 적극 추천하지만 애석하게도 초능력이 존재한다고 주장하는 책들만큼 잘 팔리지는 않는 것 같다.

증거 부재에도 불구하고 우리 인간은 초감각, 예지력, 염력, 사자와의 교신 등 물리학의 법칙을 뛰어넘는 정신의 힘을 믿는 쪽으로 자연스럽게 이끌리는 경향이 있다. 하지만 이는 희망사항에 불과하다. 죽은 자들의 정신이 계속 살아남고 우리가 그들과 예전처럼 교류할 수 있다고 생각하면 위로가 된다. 우리의 정신이 사후에 쓸모없어진 육신의 굴레를 벗어나 하늘 높이 훨훨 날아오른다고 생각하는 것 또한 위안이 된다. 심리학자 폴 블룸Paul Bloom은 저서《데카르트의 아기Descartes' Baby》에서 인간은 사실 정신이 몸과 별개라고 생각한 데카르트처럼 날 때부터 철학적 이원론자라고 주장하기에 이른다. 이원론은 어쩔 수 없는 숙명이라는 게 블룸의 생각이다. 물론 우리의 정신이 육체와 실제로 분리되어 있다는 의미는 아니다. 단지 우리가 그렇게 분리시켜 생각하는 성향이 있다는 뜻이다. 사실 우리 용감무쌍한 심리학자들과 유물론적인 신경과학자들을 제외한다면 대다수의 사람들에게 인간이 단지 살과 뼈로 이루어진 생명체에 불과하며 머릿속의 물리적 프로세스가 우리의 생각과 행동을 지시할 뿐이라는 사실을 납득시키기란 정말 어렵다. 이원론에 대한 믿음, 즉 정신이 육체와 물리적인 세계의 제약을 벗어날 수 있다고 생각하는 것은 그 자체로 정신적 방랑의 한 측면에 불과하다.

다른 사람은
무슨 생각을 하고 있을까?

정신이 뇌의 기계적인 기능에 의해 실제로 제약을 받는지 어떤지는 몰라도, 우리는 사실 다른 사람이 무슨 생각을 하고 있는지 알아채는 데 몹시 뛰어난 재능이 있다. 이 능력을 '마음이론theory of mind'이라고 한다. 얽힌 입자의 경우처럼 비물질적 영향력으로 이런 현상이 일어난다고 믿을 만한 설득력 있는 근거는 없다. 그보다는 의식하지 못한 사이 오감을 통해 받아들여지는 미묘한 단서들을 바탕으로 직감이 작용한 결과 나타나는 현상으로 보인다. 또는 공유하는 문화 때문일 수도 있다. 같은 문화권의 사람들은 동일한 상황에 동일한 방식으로 대응하는 경향이 있다. 누군가의 사회적 결례에 똑같이 당황하고, 누군가 거둔 승리에 똑같이 의기양양해하며, 부고를 들으면 똑같이 슬퍼한다. 게다가 인간은 공통적으로 오감을 지닌다. 다른 사람들이 본 것을 보고, 들은 것을 들으며, 맡는 냄새를 맡는다. 다음 장에서 별도의 주제로 다룰 스토리텔링을 통해 공상까지 공유한다. 또한 단순한 관찰을 통해 다른 사람들의 마음속에 오가는 생각들을 추론하기도 한다.

샐리 앤 테스트Sally-Anne test는 이 사실을 멋지게 확인시켜준다. 이 테스트는 아이들에게 다른 사람이 무언가에 대해 '틀린 믿음false belief'을 가지고 있음을 추론해내는 능력이 있는지 여부를 측정한다. 실험자는 아이에게 샐리와 앤, 두 인형이 등장하는 영상을 보여준다. 샐리는 바구니를 갖고 있고 앤은 상자를 갖고 있다. 샐리는 바구니 안에 구슬을 넣어두고 방에서 나간다. 샐리가 나간 사이 짓궂은 앤이 바구니에서 구슬을 꺼내 자기 상자 안에 옮겨 넣는다. 샐리가 돌아온 다음, 실험자는 이 모든 상황을 지켜보고 있던 아이에게 샐리가 어디서 구슬을 찾을 것인지 질문한다. 4세 이하의 아이들은 대부분 실제로 구슬이 있는 상자 안을 들여다볼 거라고 대답한다. 그보다 나이가 많은 아이들은 샐리가 구슬이 옮겨진 걸 보지 못했으니 바구니 안을 들여다볼 거라고 옳게 대답한다. 샐리가 틀린 믿음을 가지고 있다는 사실을 이해하는 것이다. 이 아이들은 샐리가 머릿속으로 무슨 생각을 하는지 알고 샐리의 생각이 자신의 머릿속 생각과 다르다는 사실을 안다.

그런가 하면 신기하게도 4세 이하의 아이들이 말로 표현하지는 못하더라도 다른 사람의 믿음을 이해하는 듯한 행동을 보인다는 연구결과도 있다. 헝가리에서 실시된 이 연구에서는 놀랍게도 겨우 7개월 정

정신의 방랑을 통해
정말로 **타인**의 마음속을
여행할 수도 있음을 말해주는 증거다.

도의 유아들이 다른 사람의 믿음에 영향을 받는 것으로 나타났다. 연구진은 아기들에게 가리개 뒤로 공이 굴러가는 영상을 보여주었다. 공은 가리개 뒤에 그대로 남아 있을 때도 있었고, 다른 곳으로 굴러가버릴 때도 있었다. 영상 속에 등장하는 만화 캐릭터도 이 광경을 함께 지켜봤다. 이 캐릭터는 가끔씩 자리를 비웠다가 다시 돌아왔다. 캐릭터가 나간 사이 공의 위치가 바뀌기도 했는데, 이 경우 캐릭터는 가리개 뒤에 공이 실제로 없는데 있다고 생각하거나, 실제로 있는데 없다고 착각할 가능성이 있었다. 캐릭터가 방으로 돌아온 다음 가리개를 치우면 아기들은 만화 캐릭터의 예상이 틀렸을 경우에 그 현장을 더 오래 바라봤다. 말하자면 아기들은 마치 만화 캐릭터의 마음을 읽기라도 한 것처럼 그가 놀랄 것을 예상하고 있었다.

이 실험은 타인의 믿음에 대한 이해가 그 이해를 말로 표현할 수 없는 어린 아기들의 행동방식에까지 영향을 줄 수 있음을 보여준다. 같은 연구에서 성인들도 비슷한 행동을 보이는 것으로 나타났다. 실험 참가자들의 행동은 본인의 믿음뿐 아니라 다른 관찰자의 믿음에 의해 영향을 받았다. 이 연구진들은 다음과 같이 기술했다.

자기 자신의 믿음 못지않게 다른 사람의 믿음에도 쉽게 접근할 수 있다는 이 연구결과는 개인의 입장에서 문제가 있어 보인다. 현 상황을 제대로 반영하지 못하는 다른 사람의 믿음 때문에 나의 행동이 좌우될 우려가 있기 때문이다. 그러나 타인의 믿음을 재빨리 참조할 수 있기 때문에 복잡한 사회집단 안에서 효율적인 소통이 가능한 측면도 있다.

따라서 타인의 믿음을 헤아리는 이 강력한 능력은 인간 고유의 중요한 '사회적 감각social sense'일 수 있으며, 인간에게서 특별히 정교한 사회 구조가 진화하게 된 인지적 전제조건 중 하나일지도 모른다.

이 사회적 감각은 아주 이른 나이에 습득되는 듯하며, 심지어 타고나는 것일 수도 있다.

상대방의 마음을 읽을 때 뇌의 어느 부분이 활성화되는지 알아내기 위해 실험자들은 사람들을 뇌 스캐너에 넣고 타인의 믿음을 추론할 수 있게 해주는 이야기를 들려주었다. 예를 들면 이런 식이다. 존이 에밀리에게 자기 차가 포르셰라고 말하지만 사실 그의 차는 포드다. 자동차에 대해 문외한인 에밀리는 존의 차가 포르셰라고 믿는다. 그런 다음 에밀리가 직접 차를 보게 되는데, 이때 에밀리는 차의 제조사가 무엇이라고 생각하겠는지 스캐너 안에 들어간 사람에게 질문을 던진다. 대다수의 사람들은 에밀리가 그 차를 포르셰라고 잘못 생각하는 상황을 이해한다. 이렇듯 남의 믿음이 틀렸다는 사실을 이해할 경우에도 뇌의 디폴트 모드 네트워크가 활성화된다. 정신의 방랑을 통해 정말로 타인의 마음속을 여행할 수도 있음을 말해주는 증거다.

남의 믿음이 나의 믿음과 다를 수도 있음을 이해하는 것은 마음이론이 가장 잘 드러나는 사례다. 이러한 이해는 사회적 화합에 중대한 역할을 하고, 우리가 다른 사람들의 잘못된 신념을 바로잡을 수 있도록, 아니면 적어도 고쳐보려고 노력은 해볼 수 있도록 도와준다. 예를 들어 우리는 에밀리에게 존이 약간 거짓말쟁이 같으니 신뢰하지 않는 게 좋겠다고 유용한 조언을 해줄 수 있다. 그런데 조언은 상대편에게도 유용할 수 있다. 예를 들어 존은 다른 누군가로부터 에밀리가 자동차에 대해서는 잘 모르니 (머지않아 들통이 날지언정) 자신에게 유리한 방향의 틀린 믿음을 심어보라는 조언을 들었을지도 모른다. 잔혹하지만 유용한 조언이다. 관용적인 사회에서 중요한 것은 다른 이의 믿음이 틀렸다는 사실을 이해하는 것보다 사람마다 매우 다른 믿음을 가질 수 있음을 이해하는 것이다. 가령 초감각이 존재하지 않는다는 내 믿음을 받아들이지 않을 사람이 틀림없이 많겠지만 그들은 나의 그런 믿음을 이해해주면서 나를 딱하게 여길 수 있다.

마음이론은 순환적recursive 속성이 있어서 이해 안에 이해가 포함될 수 있다. 나는 내가 산타클로스를 믿는다는 사실을 당신이 믿고 있다고 믿을 수 있다. 혹은 나는 당신이 내가 초감각을 믿지 않는다고 믿고 있기 때문에 나를 안타깝게 여긴다고 믿을 수 있다. 심리학자 데이비드 프리맥David Premack은 이를 더욱 깊게 가져가 다음과 같은 예를 제시했다.

'여자들은 남자들이 여자들의 오르가슴은 다르다고 생각한다고 자기들이 생각한다고 남자들이 생각한다고 생각한다.'

프리맥도 남자일 뿐이고, '그렇게' 생각한 것은 결국 프리맥이므로 단계는 한 번 더 깊어진다. 이렇게 고삐 풀린 반복은 인간의 기만성향에 의해 강화된 것일 수도 있다. 나에 대한 당신의 생각을 내가 알고 있다면 그 생각에 정반대되는 행동을 해서 당신을 속일 수 있지 않겠는가? 이것은 유대인의 오래된 농담에 잘 표현되어 있다. 한 남자가 기차

역에서 만난 사업 경쟁자에게 어디 가는 길이냐고 묻는다. 그 경쟁자가 민스크에 가는 중이라고 대답하자 처음 질문을 던졌던 남자는 이렇게 말한다.

"당신, 내가 당신이 핀스크에 가는 중이라고 생각하게 하고 싶어서 민스크에 가는 중이라고 말하는 거지? 하지만 내가 어쩌다 당신이 민스크로 가는 중이라는 걸 알게 되었는데, 왜 나한테 거짓말을 하고 그래?"

영국의 시인이자 소설가 월터 스콧 경[2]의 말대로 '오, 사람들은 얼마나 얽히고설킨 거미줄을 짜는가, 처음 거짓말을 하기 시작한 이상!'

그러나 마음을 읽는 능력은 사람마다 차이가 있다. 극단적인 예로 다른 사람의 정신상태를 전혀 이해하지 못하는 심맹mind-blindness, 즉 자폐증이 있다. 템플 그랜딘Temple Grandin이라는 여성의 사례가 잘 알려져 있다. 템플 그랜딘은 동물학 박사 학위를 받고 콜로라도주립대학에서 교수로 재직 중이다. 책도 여러 권 썼다. 이렇듯 그랜딘의 자폐증은 지적능력에 영향을 주지 않는 듯하다. 그 가운데 세 권은 자신의 정신질환을 주제로 한다. 자연스러운 사회적 이해능력이 없는 그랜딘은 사회적 상황에서 적절히 처신하는 방법을 알아내기 위해 사람들의 실제 행동을 세밀하게 관찰하는 수밖에 없었다. 그런데 이 면밀한 관찰습관은 동물행동 연구에 효과적이었다. 그랜딘 박사가 가장 최근에 출간한 저서의 제목은 《동물 번역본: 자폐증의 수수께끼로 동물의 행동을 해

---

2   흔한 오해와 달리 셰익스피어가 한 말이 아니다. 스콧의 서사시 《마미온Marmion》에서 인용된 구절이다.

독하다Animals in Translation: Using the Mysteries of Autism to Decode Animal Behavior》로(국내에 출간된 번역서의 제목은《동물과의 대화》다-옮긴이), 제목이 좀 무례하지만 BBC 다큐멘터리 〈소처럼 생각하는 여자The Woman Who Thinks Like a Cow〉의 소재가 되었다.

템플 그랜딘 같은 사람들에게 나타나는 고기능성 자폐증은 아스퍼거 증후군이라고도 알려져 있다. 이 질환이 있는 사람들은 샐리 앤 테스트 같은 틀린 믿음 테스트를 곧잘 통과하지만 그게 가능한 건 오직 언어추리와 과제에 대한 명시적 지시를 통해서다. 앞서 설명한 바와 같이 정상적인 아기들은 구두 표현력이 발달하기 훨씬 전부터 틀린 믿음에 대한 이해력을 본능적으로 드러낸다. 만화 캐릭터가 물건이 숨겨져 있을 것으로 착각하고 있는 장소를 계속 바라보는 것을 보면 알 수 있다. 아스퍼거 증후군이 있는 사람들은 이런 식으로 행동하지 않기 때문에 틀린 믿음에 대한 자연적인 이해력이 없다고 결론지을 수 있다. 템플 그랜딘과 같은 사람들은 연속체의 한쪽 끝에 위치한다. 이 연속체의 정반대 끝에 위치하는 사람들은 다른 이들의 생각에 강박적일 정도로 예민해서 편집증과 마술적 사고 쪽으로 기울거나 심하면 정신분열증에 이르기도 한다.

스코틀랜드의 정신의학자 R. D. 레잉Raing은《매듭Knots》이라는 적절한 제목의 책에서 사회관계가 틀어졌을 때 나타날 수 있는 복잡한 순환적 사고의 사례를 소개했다. 혹은 거꾸로 이런 사고 때문에 사회관계가 틀어진다고 생각할 수도 있겠다. 한 대목을 소개하면 이런 식이다.

질: 당신이 화나서 난 화가 나.

잭: 나 화 안 났는데.

질: 당신이 화나서 내가 화가 난다는데 당신이 화가 안 난다니 화가 나.

잭: 내가 화나지 않았다는데도 내가 화나서 당신이 화가 난다는 것에 대해 내가 화내지 않는다고 화를 내니 화가 나는군.

진화생물학자 윌리엄 D. 해밀턴은 '관계형 인간people people'과 '사물형 인간things people'에 대해 기술했다. 관계형 인간은 다른 사람들에게 집착하고, 뒷담화를 좋아하며, 소설을 읽고, 다른 이들도 자기를 그만큼 생각하고 있다고 여기는 사람들이다. 사물형 인간 중에는 컴퓨터광, 엔지니어, 과학자들이 많은데, 이들은 다른 사람들의 생각에는 별로 관심을 두지 않는다. 아무래도 여성들은 관계형 인간의 성향이 강하고, 무신경한 우리 남자들은 사물형 인간의 성향이 강하다는 인상을 피하기 어렵다. 물론 템플 그랜딘을 포함해 예외적인 경우도 많다. 남성인 내가 제대로 눈치채지 못했을 가능성도 있지만 어쨌거나 상당수 존재한다. 어쨌든 우리에게는 관계형 인간 못지않게 사물형 인간도 필요하다. 세계는 복잡다단한 사람들만큼이나 복잡다단한 사물들로 가득하기 때문이다.

철학자 대니얼 데닛은 마음읽기를 '지향적 자세intentional stance'로 설명했다. 우리가 상대방에게 의도적인 상태가 있다고 간주하고 사람들을 대한다는 뜻이다. 여기서 의도적인 상태라는 개념은 다소 폭넓게 사용되며, 어느 특정 방향으로 행동하려는 의도만을 가리키지 않는다.

신념, 갈망, 생각, 희망, 두려움, 콤플렉스 같은 주관적인 상태를 모두 포함한다. 지향적 자세에 따르면 우리는 상대방의 물리적 특징보다 머릿속에 오고 있다고 여기는 생각에 따라 사람들과 소통을 한다. 물론 럭비 경기장에서 뛰던 내 젊은 날이나 한창 연애하던 시절을 떠올려보면 물리적 특징도 조금 작용하기는 한다. 어두운 골목에서 낯선 사람을 마주치면 얼굴표정과 같은 요소를 바탕으로 하는 지향적 자세에 따라 반응을 달리할 수 있지만, 단지 낯선 이의 덩치가 얼마나 큰가를 바탕으로 하는 이른바 '물리적 자세'에 따라서도 반응이 달라질 수 있다.

의사들은 물론 뇌외과 전문의까지도 사람을 대체로 사물로 취급하는 편이다. 어딘가 잘못되었을 때 기계적으로 고쳐야 할 대상인 것이다. 여기에 우회술을 하고, 저기 뇌조직은 떼어내고, 내부 침입자와 물리적으로 싸울 수 있는 약물을 투입하는 식으로 말이다. 심리학자들의 경우 학파마다 다소 차이가 있다. 행동주의 심리학자들은 동물과 인간을 단순히 '행동'하는 사물로 취급하며 마음을 언급하지 않는다. 템플 그랜딘은 타고난 행동주의자다. 반면 사회심리학자들은 성격, 태도, 신념에 좀더 관심을 기울인다. 임상심리학자들은 심리문제를 신체보다 정신의 문제로 보며 약물 대신 대화를 통해 치료하려는 경향이 있다. 이것을 건축가와 디자이너의 관계로 이해하면 답은 간단하다. 건축가와 디자이너는 물리적 요구와 미적 요구를 동시에 이해할 수 있어야 하므로 양쪽 모두의 속성이 조금씩 필요하다. 아무리 우아해 보이는 신발이라도 발에 편안하게 맞지 않는다면 곤란할 테니까.

사람에게 물리적 속성을 부여할 수 있는 것처럼 우리는 때로 사물에게 인간 같은 성격 또는 주관적 상태를 부여하기도 한다. 사람이 타거나 들어갈 수 있는 기능 때문이겠지만 자동차, 배, 비행기, 심지어 집은 종종 여성적인 특질을 부여받거나 영어에서 여성 대명사 'she'로 지칭되곤 한다. 우리 아버지 농장의 트럭 이름은 루시였다. 물론 나는 언젠가 스탠리라는 남자 이름을 붙인 차를 갖고 있던 적이 있었지만 말이다. 역사를 통틀어, 그리고 어쩌면 선사시대에도 사람들은 별과 행성 같은 무생물을 의인화하고, 인간 아닌 동물에게 인간의 속성을 부여해 왔다. 사람들은 자신이 키우는 고양이와 개를 사람처럼 대한다. 특히 동화에는 곰돌이 푸, 나쁜 늑대, 도널드 덕, 꼬마 돼지 로빈슨까지, 말하는 동물들이 가득하다.

동물은 마음을 읽을 수 있을까?

인간 정신의 고유한 특성이 무엇인지를 파악하려는 탐구과정에서 인간 외의 동물들도 마음이론이 있는지 의문을 가져볼 만하다. 물론 허구 속에서는 당연히 있다. 《곰돌이 푸》에 나오는 시무룩한 당나귀 이요르는 언젠가 이렇게 불평한다.

"다른 누군가를 위한 작은 배려와 생각이 모든 것을 달라지게 만들 거야."

현실에서도 어떤 동물들은 괴로워하는 다른 동물들에 대해 공감을

사람들은 자신이 키우는
고양이와 개를 **사람**처럼 대한다.

나타낸다. 영장류 동물학자인 프란스 드 발Frans de Waal은 싸움에 져서 의기소침해 있는 어른 침팬지에게 위로하듯 한쪽 팔을 두른 청소년 침팬지를 사진에 담았으며, 원숭이들은 이런 행동을 하지 않는다고 덧붙였다. 그러나 한 연구에서 원숭이들은 줄을 잡아당기면 먹이를 받을 수 있더라도, 그로 인해 다른 원숭이에게 고통스러운 자극이 전달될 경우 줄을 잡아당기지 않았다. 줄을 잡아당기는 행위가 다른 원숭이에게 고통을 유발한다는 사실을 분명히 이해하고 있는 것이다. 다른 연구에 따르면 쥐들조차 다른 쥐들의 고통을 인지할 경우 고통에 더 격하게 반응하는 것으로 나타났다. 반면 개는 인간 주인에게 공감을 나타내지만 고양이는 그렇지 않다고들 한다. 고양이들은 주인과 공감하는 게 아니라 주인을 이용한다고 말이다.

다른 이의 생각이나 신념을 이해하기란 어려운 일이지만, 타인의 감정을 인지하는 것은 생존에 훨씬 필수적인 일이고, 틀림없이 진화에 오랜 뿌리를 두고 있다. 감정이 다르면 대개 바깥으로 드러나는 징후도 다르다. 셰익스피어의 희곡《헨리 5세》에서 왕은 분노의 징후를 알아채고 군사들에게 다음과 같이 촉구한다.

호랑이의 행동을 본받는 거다.
근육을 빳빳하게 하고, 피를 솟구치게 하고,
순한 마음을 사납게 보이는 분노로 가장하라.
눈을 무섭게 보이도록 하라.

영양이 사냥감을 찾아 헤매는 호랑이의 감정을 읽어내듯이 인간인 적군은 헨리의 군사들이 느끼는 감정을 읽어낼 것이다.

감정의 외적 표현에 대한 최고의 연구결과물은 찰스 다윈의 《인간과 동물의 감정표현The Expression of the Emotions in Man and Animals》이 아닐까 싶다. 저자는 고양이와 개에게서 두려움과 분노가 표현되는 방식을 상세하게 다루고 있는데, 긍정적인 감정에 대한 설명도 빼놓지 않았다.

> 기쁨과 즐거움은 의미 없는 동작과 다양한 음성으로 표출된다. 어린아이들이 기뻐할 때를 상상해보자. 그들은 큰 소리로 웃거나 손뼉을 치면서 발을 쾅쾅 구른다. 개도 주인과 산책을 나갈 때면 기뻐서 펄쩍 펄쩍 뛰며 짖는 것을 볼 수 있다. 말을 초원에 풀어놓으면 역시 기뻐서 껑충 껑충 뛰어다닌다.

그러나 동물들이 감정표현을 읽어내는 수준을 뛰어넘어 타자의 생각을 이해할 수 있는지 궁금증이 생기지 않을 수 없다. 그동안 인간의 가장 가까운 친척인 침팬지에게 많은 관심이 집중되었다. 침팬지들이 다른 침팬지의 시선을 어느 정도 이해한다는 것은 꽤 분명해 보인다. 한 연구에서 어느 침팬지는 자신보다 우세한 침팬시가 먹이를 볼 수 없을 때는 그 먹이에 다가갔지만 우세한 침팬지가 먹이를 볼 수 있을 때는 다가서기를 주저했다. 마찬가지로 서열이 낮은 침팬지는 먹이 숨기는 광경을 자신보다 우세한 침팬지가 보지 못했거나 우세한 침팬지가 지켜보지 않는 동안 먹이를 다른 장소로 옮긴 경우에만 숨겨 놓았던 먹이를 되찾아왔다. 또한 서열이 낮은 침팬지는 우세한 침팬지가 먹이 숨기는 광경을 지켜봤더라도 그 광경을 지켜보지 않은 다른 우세한 침팬지가 그 자리를 대체한 경우라면 먹이를 되찾아왔다. 누가 무엇을 알고 있는지 낮은 서열의 침팬지가 제대로 파악하고 있다는 뜻이다.

이것은 전술적 속임수의 사례들이다. 속임수 자체는 사실 자연에 만연해 있는 현상이다. 나비 날개의 위장술이나 다른 동물의 소리를 흉내내는 호주 토종새 금조lyrebird의 기묘한 능력도 속임수의 일종이다. 금조는 심지어 맥주캔 따는 소리까지 흉내낸다고 한다. 그러나 전술적 속임수는 속임의 대상이 되는 동물이 실제로 하고 있는 생각이나 그 동물이 볼 수 있는 시선을 이해한 상태에서 이루어진다는 점에서 위장술이나 단순한 흉내와 다르다.

스코틀랜드 세인트앤드루스대학St Andrews University의 심리학자 앤드루 화이튼Andrew Whiten과 리처드 번Richard Byrne은 언젠가 현장에서 영장류를 연구하는 학자들에게 전술적 속임수를 입증할 만한 일화를 제출해달라고 공고를 냈다. 두 사람은 접수된 보고서를 조사해 동물들이 시행착오를 통해 속임수 방법을 학습했을 수도 있는 사례는 걸러냈고, 그 결과 오직 네 종류의 유인원만이 속이려는 동물의 시선이나 지식에 대한 이해를 바탕으로 가끔씩 속임수를 쓴다고 결론 내렸다. 그마저 사례의 수는 적은 편이었다. 침팬지만이 열세 가지 속임수 방법 중 아홉 가지를 충족했고 고릴라는 두 가지를 충족하는 데 그쳤다. 우리의 영장류 사촌들이 특별히 협력적이고 타자에 대한 신뢰가 두텁든지, 아니면 사소한 거짓말이든 대놓고 치는 사기든 속임수를 좋아하는 인간과 달리 마음이론 능력이 제한적이기 때문일 것이다.

1978년 심리학자 데이비드 프리맥과 가이 우드러프Guy Woodruff는 '침팬지에게 마음이론이 있는가?'라는 매력적인 제목으로 논문을 한 편 썼다. 이 논문은 수많은 후속 연구로 이어졌지만 쟁점은 아직도 완전히 해결되지 않았다. 우리 인간은 다른 인간의 마음을 읽어내는 데 꽤 능숙하지만, 아무리 전문가라도 침팬지의 마음을 읽어내는 데는 그리 뛰어나지 못한 것 같다. 그래도 이 분야의 전문가 주제프 콜Josep Call과 마이클 토마셀로Michael Tomasello는 30년 간의 연구 끝에 침팬지는 다른 개체의 목표, 의도, 인식, 지식을 이해하지만, 신념이나 욕구는 이해하지 못한다는 결론을 내렸다. 지금까지 아무도 침팬지들이 다른 침팬지에게 틀린 믿음을 심어줄 능력이 있음을 설득력 있게 입증해 보이지 못했다.

하지만 동물들 가운데 마음읽기의 챔피언은 침팬지가 아니라 우리의 가장 충실한 친구인 개일지도 모른다. 개들은 인간의 생각을 이해하는 데 신기할 정도의 재주를 가졌다. 손가락으로 가리키는 동작의 의미도 쉽게 이해한다. 예를 들어 두 개의 통을 개 앞에 두고 먹이가 든 통을 손가락으로 가리켜 보이면 개는 가리키는 동작이 먹이의 위치를 나타내는 것임을 이해할 것이다. 먹이는 개가 보지 못하게 가려진 상태고, 냄새로 선택하는 것도 아님이 실험으로 증명되었다. 개의 뒤쪽에 있는 통을 가리켜도 먹이를 찾아간다. 심지어는 통 위에 어떤 물건을 놓아 표시만 해놓도 개들은 먹이가 든 통을 정확하게 골라낸다. 사람의 손을 많이 타지 않은 강아지들도 같은 방식으로 행동한다. 반면 침팬지들은 이런 과제 수행에 훨씬 어설프다.

　개의 조상인 늑대는 같은 식으로 반응하지 않는다. 개의 마음읽기에 있어서 열쇠는 가축화에 있다. 그러나 놀랍게도 개의 가축화는, 적어도 초기에는 인간이 주도한 게 아니었다. '토끼'라는 뜻의 본명에도 불구하고 '개 박사'로 불리기를 선호하는 브라이언 해어Brian Hare는 개들이 인간이 남긴 쓰레기더미를 뒤지던 늑대집단에서 진화했다고 설명한다. 인간과의 접촉을 겁내지 않은 무리들이 가장 생존 가능성이 높았으며, 결국 인간이 있는 데서 편안함을 느끼게 되었다는 것이다. 해어의 표현을 빌자면 '친자생존survival of the friendliest'인 셈이다. 그러다 어느 시점에 인간은 개의 친화력을 이용하기 시작했고, 한층 더 선별적인 교배에 착수해 오늘날 우리가 보는 것과 같이 놀랄 만큼 다양한 품종을 만들어내기에 이르렀다. (나는 어떤 개를 제일 좋아하냐고? 노바스코샤 덕 톨링 리트리버[3]다. 이 개는 꼬리를 흔들어 오리를 사냥꾼 가까이로 유인하도록 개량된 품종이다.)

　어떤 개들은 사나운 야생성을 되찾도록 개량되기도 했다. 언제든 침입자들을 공격할 수 있는 경비견으로 쓰기 위해서다. 로마시대에도 '개조심'이라는 경고문구를 사용했다. 간혹 사나운 개가 사람을 공격했다는 기사가 보도되면 그런 품종은 없애야 한다느니 하는 의견이 분분해지지만 대부분의 개들은 놀랍도록 붙임성 있고 충성스러우며 인간

3　이 개를 직접 만나본 적은 없다. 내가 정말 마음에 드는 건 그 이름이다.

의 마음을 읽는 능력이 뛰어나다.

인간의 영향과 관계없이 유순하게 길들여진 또 하나의 종은 바로 보노보다. 보노보는 침팬지의 가까운 사촌이자 침팬지와 함께 인간의 가장 가까운 친척이다. 그러나 성격 면에서 침팬지와 보노보는 정반대다. 침팬지는 난폭하고 경쟁적이어서 수컷이 암컷과 어린 침팬지들을 공격하는 경우도 있는 반면, 보노보는 우호적이고 배려심 있으며 무엇이든 기꺼이 나누려 하고 싸움보다는 성관계를 통해 갈등을 해소한다. 안타깝게도 보노보는 야생동물 고기 거래로 콩고 분지에서 멸종위기에 처했고, 보노보 천국이라는 의미의 '롤라야 보노보Lola ya Bonobo'라는 보호구역이 만들어졌다.

그런데 묘하게도 가축화가 진행될수록 뇌 크기는 감소한다. 개들은 비슷한 몸집의 늑대에 비해 뇌가 작고, 보노보는 침팬지보다 뇌가 작다. 또한 이제는 사라지고 없으나 현생 인류에 가장 가깝다는 네안데르탈인에 비하면 우리 인간의 뇌도 작은 편이다. 그러니 머리가 큰 사람들을 조심하고, 올리버 골드스미스Oliver Goldsmith의 시 〈시골학교 선생님The Village Schoolmaster〉에서 위안을 얻도록 하자.

사람들은 멍하니 바라보았고, 놀라움은 더욱 커졌다네.
그 작은 머리 하나에 그 많은 지식을 전부 담을 수 있다니.

동물의 정신에 관한 연구에서 곧잘 등장하는 근본적인 질문은 인간과 다른 종 사이에 불연속성이 존재하느냐의 여부다. 대부분의 종교적 가르침은 우리 인간이 완전히 다른 차원에 속해 있음을 전제로 한다. 우리가 지은 죄 때문에 약간 추락했을 뿐 실은 유인원보다 천사에 가까운 존재라는 것이다. 르네 데카르트 역시 인간은 비물질적 정신의 소유를 통해 고유해진 반면 동물은 한낱 기계machine에 지나지 않는다고 주장했다. 물론 그 반대편에는 내가 앞 장에서 인용한 다윈의 진화론적 시각이 자리하고 있다. 바로 '인간과 고등동물이 보이는 정신능력의 차이는 비록 크긴 하지만 분명히 정도의 차이일 뿐 종류의 차이는 아니다'라는 생각이다. 내 짐작으로는 적어도 타자의 머릿속에 오가는 생각을 이해하는 능력 면에서 우리 인간과 다른 유인원 사이에 분명히 연속성이 존재하지만, 인간의 경우에는 훨씬 더 복잡한 것 같다.[4]

사실 앞서 설명한 것처럼 우리 인간은 타인의 생각을 이해하는 능력을 여러 단계의 순환적 사고에 접목시킬 수 있는데, 이는 침팬지 사회에서 나타나는 수준을 훌쩍 뛰어넘는다. 이는 아마도 이른바 마키아벨리적 사고의 산물인 기만의 고리가 늘어남에 따라 더욱 강화되었을 것이다. 마키아벨리는 《군주론》에서 '모략가를 속이는 것은 두 배로 즐겁다'고 이야기하지 않았던가. 영국 심리학자 니콜라스 험프리Nicholas Humphrey는 기만과 음모의 나선구조를 '종의 전반적인 지적 수준을 높여주는 자동태엽시계'에 빗대어 표현하기도 했다.

---

4 1997년에 발표한 논문에서 토머스 서던도프와 나는 마음이론이 정신의 시간여행과 동일한 기제를 활용한다고 제안하면서, 두 가지 모두 인간의 고유한 능력이라고 주장했다. 지금의 나는 종 사이에 존재하는 연속성이 당시 생각했던 수준보다 훨씬 크다는 입장이다. 인간이 이런 면에서 정말로 고유하다는 흔들림 없는 입장을 참고하고 싶다면 서던도프의 탁월한 신간 《격차: 무엇이 인간을 다른 동물과 구분 짓는가The Gap: The Science of What Separates Us from Other Animals》(New York: Basic Books, 2013)를 읽어보기 바란다.

속이기 위해서든 알리기 위해서든 우리 인간은 다른 사람의 마음속으로 정신적 여행을 떠나는 것을 즐기며, 이러한 목적을 위해 허구의 인물을 만들어내기도 한다. 특히 취학 전의 아이들은 종종 보이지 않는 비밀친구를 만들어 속마음을 나누곤 한다. 정신적으로 시간여행을 하는 능력과 더불어 다른 사람의 마음속으로 정신적 여행을 하는 능력은 보편적으로 나타나는 인간 고유의 특성인 스토리텔링 능력의 기반이 된다.

6장

이야기는 어떻게
인간다움을 만드는가?

내 음성은 내 시선이 미치지 못하는 곳까지 울려 퍼진다.

내 혀의 움직임으로, 나는 온 세상을, 온 세상의 책을 다 감싼다.

－ 월트 휘트먼, 〈나 자신의 노래Song of Myself〉

　시간과 공간을 거슬러 타인의 마음속으로 정신의 여행을 떠나는 것은 인간만의 특별한 능력이 아닐 수도 있다. 쥐들은 제한적이나마 정신의 시간여행을 하는 능력이 있어 미로에서 있었던 일을 떠올리거나 앞으로 취할 행동을 상상하고, 침팬지들은 다른 침팬지의 생각을 알아차린다. 우리는 인간의 공상이 다른 종에 비해 내용적으로 훨씬 풍부하고 흥미로우며 개인적 의미가 더 깊다고 믿고 싶겠지만, 진정으로 특별한 인간의 능력은 그러한 공상을 타인과 '공유'하는 능력이 아닐까 싶다. 우리는 이야기를 들려줌으로써 다른 사람들을 우리의 정신적 방랑에 초대한다. 영문학자 존 닐스John Niles는 인간을 호모 나란스Homo narrans, 즉 '이야기하는 인간'이라고 고쳐 불러야 한다고 주장했다.

인간이 이야기를 들려주는 유일한 종이라 하더라도, 인간의 내러티브narrative(이야기 서술 - 옮긴이) 능력은 진화적 선례가 있을 수 있다. 작가이자 문학이론가인 브라이언 보이드Brian Boyd는 이야기가 진화단계상 한참 앞서 있는 놀이에서 유래되었다고 말한다. 놀이란 진지한 목적보다 오락이나 즐거움을 위해 어떤 행동을 하는 것을 의미하고, 나이외의 다른 존재가 되어보는 흉내내기를 수반하는 경우가 많다. 뛰노는 새끼고양이, 활기찬 앵무새, 깡총거리는 강아지, 까불대는 원숭이까지 많은 동물들이 놀이를 즐긴다. 나는 파충류도 장난치며 논다는 글을 읽은 적이 있다.

사회적인 종들은 혼자 있기 좋아하는 종들에 비해 놀이를 더 많이 하고, 사냥을 하는 종들은 사냥 당하는 종들에 비해 놀이를 더 많이 한다. 이것은 아마도 사냥이 도주보다 더 많은 창의력을 요하고, 놀이는 새로운 전략을 시험해볼 수 있는 방법이기 때문일 것이다. 놀이는 모의 추격이나 공격의 형태를 취하기도 하며, 실제 상황에 대비한 연습의 기회를 제공해주어 생존 적합성을 높이는 기능을 한다. 강아지들이 장난삼아 서로 깨물며 놀 때는 깨무는 강아지나 물리는 강아지나 그세 실제가 아니라는 사실을 이해한다. 피가 튀거나 살점이 떨어져나가는 상황은 벌어지지 않는다. 개들은 특유의 '절하기 자세'를 취해, 즉 엉덩이는 높이든 채 앞다리를 쭈그리고 앉아 꼬리를 흔들면서 놀고 싶은 마음을 표현한다. 물론 나의 네 살배기 손녀는 그보다 단도직입적으로 "나랑 놀아요"라고 말한다.

놀이는 서로 다른 종들 사이에서도 이루어진다. 특히 사람과 개는 같이 놀기를 대단히 즐긴다. 가장 흔한 게임은 '물어오기'다. 막대기, 공, 원반 등을 던져 개가 물어오도록 하는 놀이인데, 이 게임은 개가 물어 가지고 온 물건을 주인에게 돌려주지 않으려고 장난스럽게 버티는 놀이로 이어지곤 한다. 제이 메클링Jay Mechling 교수는 '샤나'라는 개와 '바나나 대포' 게임을 하는 남자의 사례를 소개한다.

매일 아침 식사시간마다 존이 바나나 껍질을 벗기면 샤나는 신이 난다. 존에게서 대략 1.5미터쯤 떨어진 바닥에 앉아 존이 '바나나 대포' 놀이를 시작하길 기다리는 것이다.

"저는 바나나를 한 조각 베어 문 다음 입에서 대포처럼 발사합니다. 샤나는 아주 재빨라서 그게 바닥에 떨어지기도 전에 받아먹죠."

사람과 개들만 그런 게 아니다. 인류학자 그레고리 베이트슨Gregory Bateson은 길들여진 암컷 긴팔원숭이와 암강아지가 하는 놀이를 소개했다. 원숭이가 베란다 서까래 위에서 내려와 강아지를 가볍게 공격하면 강아지는 원숭이를 뒤쫓기 시작한다. 원숭이는 안전한 서까래 위로 피신해도 되지만 그러지 않고 굳이 복도를 달려 방안으로 들어간다. 거기서 구석에 몰린 입장이 되면 게임의 방향은 뒤집어져 이제 원숭이가 베란다 방향으로 강아지를 추격한다. 그러고 나면 원숭이는 다시 서까래 위로 올라가고, 뒤쫓기 놀이는 처음부터 다시 시작된다. 이 과정은 때로 7~8차례나 되풀이되곤 한다.

하지만 이런 게임들은 현재라는 시간 속에서 펼쳐지기 때문에 이야기라 할 수 없다. 이야기의 조건을 충족하려면 '옛날 옛적에'와 같은 요소가 필요하다. 이 요소의 개입으로 사건은 '여기'와 '지금'의 틀을 벗어나 과거 또는 미래, 다른 장소, 혹은 실존이든 가상이든 다른 인물의 삶 속으로 옮겨진다. 두 번째 필수 요소는 내러티브다. 이야기는 복합적이고 대개는 순차적인 구조를 지닌다. 사건들이 시간의 흐름과 함께 정교한 방식으로 전개된다는 뜻이다. 세 번째로 이야기는 그 안에 등장하는 주인공 이외의 사람들과 공유된다. 해외여행이든 상상 속의 모험이든, 아니면 누군가 계획 중인 다음 여행이든, 이야기를 통해 개인의 정신적 시간여행은 모두가 공유하는 정신적 시간여행이 된다. 이야기는 실제 경험과 꾸며낸 환상, 일과 놀이의 혼합물이다. 이야기를 통해 개인의 경험은 사회집단 또는 문화 전체의 경험이 된다.

이야기가 놀이로부터 유래되었다는 것은 상상의 세계에서 살고 있는 듯한 미취학 아동들의 생활을 보면 확실해진다. 학교에 가기 전 어린이집에 다니는 아이들이 많은데, '어린이집playschool'이라는 명칭 자체가 꼬마들의 삶 속에서 놀이가 차지하는 중요성을 대변해준다. 아이들은 대략 2~3세부터 간단한 이야기를 꾸며내는 실험을 시작하고 5~6세쯤이면 꽤 그럴듯한 이야기를 만들어낸다. 마치 놀면서 무서운 사건에 자주 노출되면 나중에 커서 진짜 위험을 극복하는 데 도움이 될 수 있다고 여기는 듯, 위험요소가 가미된 이야기들을 특별히 재미있어

한다. 세 살짜리 꼬마의 세계는 사실과 환상이 뒤섞여 있으며, 아이들은 나쁜 늑대나 다른 어떤 무시무시한 괴물이 정말로 나무 뒤나 침대 밑에 도사리고 있을지 모른다는 두려움을 느낀다. '잭과 질', '빨간 모자 아가씨' 등 아이들의 동요와 동화는 무서운 사건과 재앙을 (항상 그런 건 아니지만 대개는) 간신히 모면하는 줄거리로 이루어져 있다.

이야기는 아마도 과거의 수렵채집시대로부터 비롯되었을 것이다. 우리의 선조들은 먹을 것을 찾던 경험을 서로에게 전해주었다. 현대의 수렵채집인에게서도 이 모습을 조금 엿볼 수 있다. 파라과이 동부의 아체족들은 남자들 한 사람 한 사람이 나머지 부족원들에게 그날 만났던 사냥감과 사냥의 결과에 대해 자세히 보고한다. 이를 통해 그룹 전체가 지형, 사냥감이 나타날 가능성이 높은 장소, 사냥기술, 성공과 실패의 방법에 친숙해질 수 있다.

넓은 지형을 탐험하며 수렵채집을 하는 생활방식은 지금으로부터 약 260만 년 전인 홍적세 초기에 시작되었으며, 그 후로 약 1만 2,000년 동안 이어졌다. 이 기간 중 수렵채집활동이 적극적인 사냥으로까지 서서히 확대되었고, 지형의 범위와 다양성이 늘어남에 따라 효과적인 커뮤니케이션의 필요성도 증가했을 것이다. 아이들 역시 남자 어른들이 전해주고 여자 어른들이 반복해서 들려주는 이야기에 매료되었을 것이고, 이를 통해 스스로 사냥에 나가기 전부터 먹을 것이 있는 곳과 사냥기술에 대해 배웠을 것이다.

조부모들도 이 점에서 도움이 된다. 뉴멕시코 북부의 지카릴라 아파치족의 경우 현대의 다른 수렵채집사회와 마찬가지로 대가족의 연장자들이 아이들에게 이야기를 들려주는 역할을 전담한다. 이러한 합의는 아마도 홍적세로부터 유래되었을 터인데, 인간이 가임기간을 훌쩍 지나 장수하도록 진화하게 된 이유를 이걸로 설명할 수도 있다. 지혜의 전수자로서 손주들에게 이야기를 들려주기 위해 오래 살게 되었다는 해석이 가능한 것이다. 진화심리학자 미셸 스기야마Michelle Sugiyama 또한 이야기 들려주기는 청소년기가 긴 이유를 설명하는 데 도움이 됨을 시사했다. 성인으로서의 삶과 고된 사냥 그리고 자녀양육에 적합한 존재가 되기 전에 아이들이 배워야 할 게 그만큼 많아서라는 것이다.

사냥과 채집활동에는 위험이 따른다. 특히 홍적세의 아프리카 사바나 지역이라면 사나운 검치호랑이가 초원을 누비고 다녔을 테니 더욱 그러했을 것이다. 이러한 환경 때문에라도 지식과 전문성을 공유하는 편이 더 유리했다. 그래야만 사냥 중 전사한 사람들의 지혜가 죽음과 함께 묻히지 않을 테니까. 하지만 이야기는 단순히 지식을 전달하는 기능 말고도 놀이와 공상을 즐기고, 가상의 장소와 가상의 정신세계를 지어내며, 문화적 신념을 형성하는 역할을 모두 아우른다. 여러모로 이야기를 들려주는 능력은 때로 개인이 희생하더라도 집단의 존속 가능성을 높여주었다.

스토리텔링 능력은 또한 사회적 위계를 규정해주었다. 적어도 전통사회의 남성들 사이에서는 특히나 그러했다. 남자에게 있어 대중 앞에서 자기 의견을 펼쳐 보이는 능력은 지위와 영향력을 얻는 길이었다. 뉴질랜드의 마오리족에게 '웅변술은 권력경쟁으로의 진입을 위해 가장 중요한 자질'이라고 인류학자 앤 샐먼드Anne Salmond 교수는 설명했다. 남성들은 남의 주의를 끌 수 있도록 맞춤화된 듯한 굵은 목소리로 자기 의견을 피력한다. 이어서 샐먼드 교수는 마오리족의 훌륭한 연설가는 '큰 소리로 사람들을 부르며 벌떡 일어나 즉시 좌중을 압도한다'고 덧붙였다. 사회인류학자 데이비드 터튼David Turton도 마찬가지로 에티오피아 남서부의 무르시족에 대해 '남자의 영향력과 관련해 가장 자주 언급되는 자질은 대중 앞에서 말을 잘하는 것'이라고 기술했다. 이는 도시생활에서도 마찬가지다. 인류학자이자 민속학자인 로저 에이브러햄스Roger Abrahams에 따르면 필라델피아 도심의 동네에서는 '말수가 많고 언변이 좋은 아프리카계 미국인 남자가 집단의 사회구조에서 중요한 위치를 차지하며, 이 현상은 청소년기만이 아니라 그의 생애 대부분을 통틀어 계속된다.'

내가 이 책을 쓰고 있는 동안에도 한 남성이 다른 남성의 뒤를 이어 호주 총리가 되었고, 뉴질랜드에서는 포부 있는 세 명의 남성이 역시 남성인 현 총리와 경쟁하기 위해 야당의 수장 자리를 놓고 겨루고 있다. 달변은 이러한 권력투쟁에서 두드러지게 부각된다. 대중은 설득력 있는 연설가라면 당연히 뭔가 중요한 말을 할 거라고 기대한다.

하지만 남성만 그런 것은 아니다. 꽤 최근까지 호주와 뉴질랜드의 총리는 둘 다 여성이었고, 적어도 현대 사회의 여성들은 언어사용 능력이 남성보다 오히려 뛰어난 편이다. 하지만 언어가 사용되는 방식은 다를 수 있다. 남성들은 마치 공작의 깃털처럼 공개적 과시의 방편으로 언어를 사용하는 경향이 강한 반면, 여성들은 친밀한 대화에 관여하고 뒷담화를 하며 권력보다는 우정을 추구하기 위해 언어를 사용할 가능성이 높다. 여성들의 화법이 어쩌면 더 파괴적일 수 있다. 큰 목소리로 호통만 치는 우리 남성들은 감지하지 못하는, 미묘함을 수반하는 커뮤니케이션 방식이기 때문이다.

몸짓에서 음성으로

아마도 초기단계에서는 사람들이 자신의 경험을 온몸으로 표현해 보였을 테니 팬터마임 형태로 이야기가 전달되었을 것이다. 그러나 팬터마임은 비효율적이고 뜻이 모호할 때가 많으므로 명확한 의미를 지니고 공동체의 구성원들이 이해할 수 있는 상징체계를 발전시킬 필요가 있었다. 언젠가 나는 모스크바의 한 호텔 프런트에서 코르크 따개를 빌려달라고 부탁해야 하는 상황에 처한 적이 있다. 러시아어라고는 한 마디도 할 줄 모르는 나는 팬터마임 연기자처럼 병을 따서 상상의 액체를 상상의 유리잔에 따르고 입술 높이로 들어 올린 다음 꿀꺽꿀꺽 마시는 흉내를 냈다. 의아한 표정으로 지켜보던 데스크 직원들은 그제야 내가 원하는 게 뭔지를 이해했다. 의아함은 재미있어 하는 표정으로 바뀌었고 그들은 내가 원하는 물건을 내주었다. 내가 만약 코르크 따개를 달라고 그냥 말로 할 수 있었다면 훨씬 더 능률적이었을 것이다.

홍적세 초기에 동물을 뒤쫓고 죽이는 등 우리 조상들이 했던 복잡한 활동들도 처음에는 몸짓으로 표현되다가 나중에는 명확한 의미전달을 위해 '관례화conventionalized'되었을 것이다. 어떤 행동을 뭉뚱그려서 눈에 보이도록 표현하는 대신 동물, 작살, 던지는 동작, 위치, 어쩌면 시간(어제, 오늘 아침 등)을 지칭하는 별도의 동작들까지 개발되었을 수 있다. 각 동작이 표준양식으로 축소됨에 따라 팬터마임의 회화적 요소는 불필요해져 사라지고 말았다. 공동체는 개별 동작의 의미를 서로 합의하고, 그것을 자녀들에게 전해주었을 것이다. 이 일련의 과정은 수화개발 중 청각장애인 공동체가 만드는 손짓형태에서도 찾아볼 수 있다.

제스처가 관례화된 후 팬터마임의 요소가 사라졌고, 음성이 손짓의 자리를 대부분 대체했다. 그럼에도 많은 사람들, 특히 이탈리아인들은 말할 때 손짓을 사용하고, 이런 제스처는 종종 회화적 또는 공간적 단서로서 이야기하고자 하는 바를 풍부히 해주는 역할을 한다. 때때로 우리는 순수한 팬터마임에 의존한다. 사람들에게 '나선'이 무엇인지 설명해달라고 부탁해보라. 대다수 사람들은 단어로 설명하지 못하고 손가락으로 나선 모양을 그리는 팬터마임을 사용할 것이다. 수화에는 팬터마임 요소가 여전히 남아 있지만 숙련된 수화 사용자들은 이 팬터마임적 요소를 의식하지 않는다. 제스처는 움직임을 그대로 보여주는 대신 상징의 형태를 취했다. 제스처를 쓰든 말을 하든, 이렇게 관례화된 상징들을 우리는 '단어'라고 부른다.

그 다음으로, 이야기의 구성요소 사이에 순서와 관계를 전달하기 위한 규칙이 세워졌을 것이다. 이러한 규칙을 통해 단어가 와야 할 순서가 정해진다. 이 규칙 또한 임의적일 수 있지만 서술의 의미를 명료하게 하려면 일단 정립이 필요하다. 문법은 그와 같은 과정을 통해 생겨났다. 단순한 사건들은 언어학자들이 말하는 행위자, 행동, 피행위자로 구성된다. 예를 들어 '어떤 여자(행위자)가 사과(피행위자)를 땄다(행위)'는 사건이 있을 수 있다. 이들 구성요소는 어형상 주어, 목적어, 동사의 역할을 하며, 그것이 등장하는 순서는 전적으로 약속하기 나름이다. 영어는 주어-동사-목적어의 구조로 된 SVO 언어지만, 라틴어를 비롯해 상당수의 언어들이 동사를 마지막에 두는 SOV 형식을 취한다. 7,000종에 이르는 세계의 언어 가운데서 가능한 순서조합 여섯 가지를 모두 찾아볼 수 있다. 가장 드문 종류는 OSV 형식의 언어로 딱 네 가지가 알려져 있다. 혹시 그 지역을 여행하실 분들을 위해 밝혀두자면 베네수엘라의 와라오어, 브라질의 나뎁어, 오스트레일리아 북동부의 윅 웅가타나어, 서뉴기니의 토바티어다.

어떤 언어들은 주어, 동사, 목적어를 구분하기 위해 별도의 장치를 사용한다. 장소, 시간, 수량, 품질을 비롯해 장면이나 사건을 단어로 표현하는 데 필요한 세부정보들을 구분해주는 여러 고유한 기호들도 있다. 이와 같은 언어들은 어순이 별로 중요시되지 않기 때문에 '뒤섞기 언어scrambling language'라고 부른다. 오스트레일리아 원주민의 언어인 왈피리어가 하나의 예고, 라틴어 역시 꽤 많이 뒤섞어 놓아도 의미가 달라지지 않는다. 복잡한 접미사 체계 덕분에 어느것이 수어고 어느것이 목적어인지가 분명하고, 시제나 수 따위도 명시할 수 있기 때문이다.

그러나 어떤 식으로 구성되든 언어는 우리가 복잡한 이야기를 전달할 수 있도록 해주는 수단이다. 이야기는 기억력과 주의집중력이 뒷받침되

진정으로 특별한 인간의 능력은
공상을 타인과
'공유'하는 능력이다.

는 한 아무리 복잡해도 상관이 없고, 현재와 멀리 떨어진 시간과 장소에서 펼쳐지며, 때로는 다른 사람들의 마음속으로 들어가기도 한다.

많은 이들의 추측처럼 언어가 정말로 팬터마임에서 자라났다면 초기의 형태는 음성보다 손짓이었을 것이다. 이와 관련해 우리의 영장류 혈통을 거꾸로 되짚어볼 수 있다. 언어는 누군가를 부르는 목소리가 아니라 무언가를 붙잡는 손동작에서 유래되었을 수 있다. 원숭이와 유인원의 외침은 대체로 당장의 상황과 관련된 감정적이고 본능적인 반응일 뿐 이야기를 전하는 데 있어서는 거의 무용지물이다. 반면 손은 유연하고 의도적인 방식으로 사용되며, 사건에 대한 정보를 전달하는 데 거의 맞춤설계되어 있다.

사실 '붙잡는다'는 개념은 우리의 언어에 비유적으로나마 그대로 남아 있다. grasp(붙잡다)이라는 단어는 그 자체로 종종 understand(파악하다)라는 의미로 사용된다. comprehend(이해하다)와 apprehend(터득하다)는 라틴어 prehendere(붙잡다)에서 유래했고, intend(의도하다), contend(주장하다), pretend(가장하다)는 라틴어 tendere(손을 뻗다)에서 유래되었다. 우리는 press a point라는 표현을 써서 '요점을 강조한다'고 말하고, expression(표정)과 impression(인상) 또한 뭔가 누른다는 뜻을 내포한다. 동사 hold(붙잡다)로 '대화를 갖는다hold conversations'고 표현하고, point(가리키다)를 써서 '요점을 지적point things out'하는가 하면, seize(움켜쥐다)로 '아이디어를 포착한다seize upon ideas'고 말하고, grope(더듬다)로 '할 말을 찾는다grope for words'고 이야기한다. 이 정도면 '내 말의 취지를 이해catch my drift'하시리라. '내 말뜻을 이해한다see what I mean'처럼 시각적으로 써도 무리가 없다.

언어의 발명은 인간이 대형 유인원에서 갈라져 나오고 나서 한참 뒤에 이루어졌음이 틀림없다. 원숭이에게 말을 가르치려는 시도는 형편없이 실패했지만, 침팬지와 보노보, 고릴라는 제법 능숙하게 단순화된 형태의 수화를 습득했다. 그 중에서도 동물학자 수전 새비지럼보Susan Savage-Rumbaugh가 키우는 보노보 칸지Kanzi는 출중하다. 칸지는 특수하게 고안된 키보드의 기호를 가리켜 의사소통을 하고, 수화를 할 줄 아는 고릴라 코코가 쓰는 수화를 지켜보면서 배웠음이 분명한 수신호로 제스처를 보완한다. 야생의 유인원들은 종종 놀이의 맥락에서 다양한 신체동작을 사용해 서로 의사소통을 한다. 로빈 던바Robin Dunbar는 동물들이 서로의 털을 부드럽게 골라주고 다듬어주는 털손질 행위에서 언어가 기원했으며, 이 활동은 사회적 유대를 단단히 하는 중요한 역할을 한다고 주장해왔다. 이와 관련된 커뮤니케이션 행동이 바로 '유도 긁기directed scratch'다. 다른 침팬지가 매만져주었으면 하는 몸의 부위를 스스로 긁는 것이다.

손동작이 음성언어로 대체된 시기에 대해서는 추측에 의존할 수밖에 없다. 진 아우얼Jean Auel의 소설《석기시대 여자 에일라The Clan of the Cave Bear》는 초기 인류와 네안데르탈인들이 공존했던 2만 7,000년 전의 빙하기를 배경으로 한다. 다섯 살짜리 여자아이 에일라는 지진으로 가족들을 잃고 고아가 되지만 결국 네안데르탈 공동체에 입양된다. 이 이야기 속의 네안데르탈인들은 말을 할 줄 모르고 수화로 의사소통한다. 물론 아무리 솔깃할지언정 허구의 소설을 과학적 증거로 받아들이면 안 될 것이다. 하지만 아우얼은 초기 인류와 네안데르탈인에 관한 한 거의 전문가에 가깝고, 네안데르탈인들이 수화를 사용했다는 것은 작가의 다른 소설 속에서도 주제로 등장한다. 그런데 묘하게도《석기 시대 여자 에일라》에 나오는 네안데르탈인들은 말을 할 수 없을 뿐 아니라 웃거나 울지도 못했다. 그래서 에일라가 우는 모습을 보고는 눈 병이 났다고 생각했다. 실은 침팬지조차 웃을 수 있다. 또한 아우얼의 소설 속 네안데르탈인들은 텔레파시를 통해 의사소통하는 능력도 있었다. 실제 네안데르탈인들과 우리 인간 사이에서는 어느 정도 이종교배가 이루어졌다. 네안데르탈인들이 자취를 감춘 건 불과 3만 년 전이고, 우리처럼 말을 조음하는 능력이 있었을 것으로 추정된다.

손에서 음성으로의 커뮤니케이션 전환은 아마도 홍적세 중 서서히 이루어졌을 것이고, 아직도 완료되지 않았다. 우리는 모두 말을 하면서 손으로 제스처를 하고, 청각 장애인을 비롯한 일부 공동체가 사용하는 수화도 말 못지않게 효과적이고 언어학적으로 정교하다.

그렇다면 구어는 왜 도입되었고, 왜 그렇게 지배적인 영향력을 발휘하게 되었을까? 여러 가지 답이 가능할 것 같다. 우리는 말을 할 때 쉬지 않고 팔 휘두르기를 워낙 좋아하기도 하지만, 말은 손을 자유롭게 해 도구를 사용하거나 만들고, 물건을 나르고, 아기를 돌보는 등 다른 일을 할 수 있도록 해준다. 말은 그 자체가 혀, 입술, 성대의 움직임을 수반하는 몸짓의 한 형태다. 입 안에 가지런히 자리해 있다는 점이 다를 뿐이다. 이는 소형화miniaturization의 초기 사례로서 음식을 먹거나 입을 맞추는 간헐적인 행동에 의해서만 간섭을 받는다. 우리는 자녀들에게 입에 가득 음식을 문 채 말하지 말라고 가르치고, 시인 존 던John Donne의 1633년 시 〈시성식The Canonization〉에 나오는 고통스러운 절규 '제발 입 좀 닥치고 사랑하게 내버려다오'에 공감한다.

또한 말하기는 손짓에 비해 훨씬 피로감이 덜하다. 훨씬 작은 움직임이 필요하고 생존을 위해 누구나 해야 하는 숨쉬기에 묻어가기 때문이다. 말은 밤이 되어 깜깜하거나 화자와 청자가 서로를 볼 수 없는 상황에서도 효과적이다. 라디오와 휴대폰이 잘 이용하고 있는 속성이다. 나는 이 부분에 대해 하고 싶은 말이 참 많다.[1]

그러나 말을 하든 수화를 하든, 우리 인간은 다른 종이 범접할 수 없는 심오한 기술을 획득했다. 인간과 가장 가까운 사촌인 대형 유인원들은 제스처를 쓸 때에도 이야기를 들려주지 않는다. 기껏해야 간단한 요청을 하거나 간단한 지시에 대응할 뿐이다. 문법이 있는 언어를 발명하여 청중에게 내러티브를 전달하는 능력은 오직 인간에게만 나타나는 특징이다. 그러한 차별점이 가상의 사건을 내적으로 구성해내는 데 있는지, 아니면 단순히 그걸 이야기하는 데 있는지에 대해서는 논란의 여지가 남아 있다. 어느 쪽이든 '이야기가 인간다움을 만들었다'고 한 프랑스의 심리학자이자 심리치료사 피에르 자네Pierre Janet의 말에는 누구든 동의할 것이다. 그리고 이야기 역시 전형적인 멍때림과 딴생각의 결과물이다.

---

1   사실 2002년에 쓴 책 《손에서 입으로: 언어의 기원From Hand to Mouth: The Origins of Language》
     (Princeton: Princeton University Press)이 이러한 내용을 다루고 있다. 이 책은 2003년에 페이
     퍼백으로 출간되었고, 터키어(2003), 이태리어(2008), 일본어(2009)로 번역되었다.

문화를 만든 이야기

홍적세를 거치면서 우리의 조상들은 우리가 인간답다고 생각하는 특성들을 발달시켰다. '호모Homo'라는 속屬이 처음 등장한 것도 홍적세 때다. 그 가운데 '호모 사피엔스Homo sapiens'만이 현재까지 살아남았다. 뇌는 세 배로 커졌고, 완전한 직립자세와 성큼성큼 걷는 걸음걸이 덕분에 넓은 지역을 돌아다닐 수 있는 능력이 향상되었다. 이것이 몸뿐 아니라 마음의 방랑에도 도움이 되었을 것임은 의심의 여지가 없다. 우리 조상들은 지식 공유와 이야기 들려주기를 통해 아프리카 사바나의 위험한 환경에서 살아남으며 이른바 '인지영역cognitive niche'을 구축했다(생물은 살아남기 위해 다른 생물들의 생존방식을 따르지 않고 독자적인 생존방식을 취하기도 하는데, 여기서는 인간이 지능을 통해 경쟁우위를 차지한 것을 인지영역 구축이라고 표현했다 – 옮긴이).

이야기는 사람들을 단결시키고 문화를 만든다. 모든 문화에는 각각의 영웅 및 발견설화가 있어서 같은 조상의 후손이라는 인식을 형성한다. 근대에 들어서는 주로 문자언어를 통해 전달되고 있지만 문자 이전의 사회에서 이야기는 말이나 몸짓을 통해 대대로 전해져 내려왔다. 이 가운데 아직도 많은 이야기들이 외부인이 접근하기 어려운 언어 안에 묻혀 있으나 알려진 이야기들은 여러 가지 특징들을 공유한다.

약 20만 년 전 인간이라는 종이 등장하기 이전의 이야기에 대한 기록은 없지만 오늘날의 문화에서 대를 이어 전해져 내려온 이야기들을 살펴보면 그 본질과 내용을 어느 정도 파악할 수 있다. 그런 이야기들은 실용적인 지식의 공유만이 아니라 신화 및 창조설화의 정립과 많은 연관이 있을 것이다. 오스트레일리아 토착민들의 이야기는 적어도 5만 년 전 그들이 아프리카에서 빠져나온 직후와 오스트레일리아 땅에 처음 도착했을 때로 거슬러올라간다. 그들은 이때를 일컬어 '꿈의 시대', 즉 조상들의 정령이 세상을 창조했던 신성한 시대라고 이야기한다. 이 신적인 존재들 가운데 몇몇은 다른 신적 존재보다 더 막강한 힘이 있다.

오스트레일리아 남동부 부족들은 이 신을 바이아메Biame라고 부른다. 바이아메는 먼저 동물들을 창조하고 이를 본보기로 인간을 만든 조물주다. 그런가 하면 노던 준주Northern Territory의 아렌테족은 하늘신 알트지라Altjira가 땅을 만들었다고 믿는다. 꿈의 시대는 꿈, 그러니까 지속적인 신념과 전통체계 속에서 사라지지 않고 영원히 지속된다. 꿈의 시대에 관한 이야기는 문화영웅(문화를 창시한 신화적 인물을 가리킨다─옮긴이)들을 늘 따라다녔고, 오스트레일리아 전역에서 노래와 춤으로 표현되었다. 언어가 서로 달라도 상관이 없었다. 그 이야기들은 사람, 장소, 법, 관습 등 여러 가지 주제를 아우른다. 그들은 아이가 출산을 통해 어머니의 몸에서 태어나기 전 영적 태아spirit-child의 상태로 존재하며 사후에도 불멸한다고 믿었다. 기독교 전통도 이와 마찬가지로 천지창조, 전능한 신, 내세의 영원한 삶을 이야기한다.

뉴질랜드의 마오리족은 불과 750여 년 전에 뉴질랜드 땅에 발을 디딘 탓에 훨씬 현대에 가까운 역사를 지니고 있지만, 그들 역시 구전으로 전해진 복잡한 이야기들을 고스란히 간직해왔다. 마오리족의 전설은 하와이키Hawaiki라는 곳에 살았고 마법의 힘을 갖고 있던 반신반인 마우이Māui를 그 시작으로 한다.[2] 어느날 바다에 나간 마우이가 뱃전으로 마법의 낚시바늘을 드리웠는데 뭔가가 낚싯줄을 강하게 잡아당기는 느낌을 받았다. 형들의 도움으로 마우이는 커다란 물고기를 낚아올렸고, 그들이 테이카아 마우이Te Ika a Māui, 즉 마우이의 물고기라 이름 붙인 이 물고기는 뉴질랜드의 북섬이 되었다. 뉴질랜드의 남섬은 테와카아 마우이Te Waka a Māui, 곧 마우이의 배였고, 뉴질랜드의 남쪽 끝에 있는 작은 섬 스튜어트는 테풍아아 마우이Te Punga a Māui, 그러니까 마우이가 거대한 물고기를 낚아올릴 때 배가 흔들리지 않도록 잡아준 마우이의 닻이었다. 이 모든 사건을 일으킨 것은 마우이였지만 새로운 땅 아오테아로아Aotearoa를 발견한 것은 폴리네시아의 항해자 쿠페Kupe였다. 아오테아로아는 '길고 흰 구름의 땅'이라는 뜻으로, 뉴질랜드를 가리킨다. 물론 마오리족의 구전설화는 이밖에도 많이 있다. 그중에서도 세상의 창조에 관한 설명, 전쟁 이야기, 노래, 시, 기도 등은 거의 모든 종교에서 찾아볼 수 있는 요소들이다.

특이한 예외가 하나 있긴 하다. 브라질 아마존 지역의 오지에 사는 부족 피라항Pirahã이다. 선교사 대니얼 에버렛Daniel Everett은 피라항족의 언어를 배워 성경을 번역할 목적으로 그곳을 찾았다. 그런데 알고 보니 피라항어는 어휘 수가 적고 간접적인 방법으로만 과거나 미래를 지칭할 수 있어 서구의 기준으로는 여러모로 미흡한 점이 있었다. 에버렛에 따르면 피라항족은 허구를 만들지 않고 창조 이야기나 신화가

2   착각할 수 있지만 하와이가 아니다. 마오리족 정착민들은 폴리네시아 중동부 어딘가에서 배를 타고 떠나왔다.

148

없다고 한다. 그러나 피라항어와 연관된 언어인 무라Mura어는 과거를 나타내는 텍스트가 풍성하다. 그렇다면 한 가지 가능성은 피라항족이 어느 시점에서 무라족으로부터 갈라져 나왔고, 그 과정에서 역사적 과거에 대한 개념을 잃어버렸으며, 개인적 과거 또한 억누르게 되었을지 모른다는 것이다. 에버렛은 피라항족과 더불어 생활하며 여러 해를 보냈고, 그들의 지적능력이 결코 뒤지지 않음을 알게 되었다. 피라항족은 자신들 고유의 이야깃거리가 없음에도 우주론이나 우주의 기원에 대한 개념을 에버렛과 함께 이야기하길 즐겼다. 오히려 피라항족의 삶의 방식에 감명을 받은 에버렛은 기독교를 버리고 무신론자가 되었으며, 지금은 미국에서 언어학 교수로 지내고 있다.

그러나 대부분의 사회에는 이야기와 창조신화가 있고, 문자 이전의 문화에서 이는 시나 노래로 표현되었다. 운율은 기억에 많은 도움이 된다. 문자의 발명과 함께 운율이라는 강력한 기억장치는 더 이상 쓸모가 없어졌지만, 아이들이 알파벳, 주기율표, 무지개 색깔 등의 목록을 쉽게 암기할 수 있도록 여전히 운율로 가르치는 사례가 많다. 수학상수인 원주율pi을 처음부터 21번째 자리까지 외울 수 있는 시도 있다.

Pie

I wish I could determine pi

내가 원주율을 결정할 수 있었으면

Eureka, cried the great inventor

유레카, 위대한 발명가는 외쳤다네.

Christmas pudding, Christmas pie

크리스마스 푸딩, 크리스마스 파이

Is the problem's very centre.

이것이 문제의 핵심이로다.

　각 단어의 글자 수를 세고, 제목인 Pie라는 글자 뒤에 소수점을 찍기만 하면 된다(3.14159 26535 89793 23846). 그러나 뭔가를 기억하기 위해 이런 노래를 활용할 때의 문제점은 1장에서 언급한 귓속벌레다. 머리에 콕 박혀 좀처럼 떠나지 않는 멜로디나 CM송 말이다. '파이' 노래가 머리에서 떠나지 않는다면 그걸 실제로 써먹을 수 있는 사람에게 떠넘기는 방법을 추천한다. 하지만 썩 유용한 선물은 못 될 것이다. 원주율을 여러 자리까지 정말 외우고 싶다면 2장에서 설명한 것과 같이 장소법을 사용하는 편이 더 낫다. 아니면 구글을 검색하거나.

　문자가 만들어지고 나중에 인쇄기가 발명된 후에도 서사시적 이야기들은 장편시의 형태로 한동안 명맥을 이어갔다. 운율은 기억의 보조 도구로 남아, 한 세대에서 다음 세대로 내용이 충실히 전달되도록 도와주었다. 문헌에 남아 있는 최초의 이야기는 《길가메시 서사시》로 약 4,000년 전으로 거슬러올라간다. 수메르의 왕 길가메시가 백성들을 압제하자 신들은 그의 주의를 돌리기 위해 엔키두라는 야만인을 만든다. 우여곡절 끝에 친구가 된 길가메시와 엔키두는 삼나무 숲의 수호 괴물 훔바바를 정벌하러 함께 떠난다. 그 후 둘은 길가메시가 여신 이슈타르의 유혹을 뿌리친 일에 대한 복수로 그녀가 보낸 하늘의 황소까지

소설 속 **탐정**의 머릿속에 들어감으로써
우리는 정상적으로 접근이 허용되지 않는
장소나 사회요소를 접해볼 수 있다.

무찌른다. 신들은 훔바바와 하늘의 황소를 죽인 데 분노하고 엔키두를 죽인다. 친구의 죽음에 충격을 받은 길가메시는 영생의 비밀을 찾아 긴 여행을 떠난다. 결국 그는 죽지만 위대한 업적을 세운 그의 명성은 계속 살아남았고, 이 이야기는 나중에 등장한 여러 소설작품의 기초가 되었다. 이런 이야기들은 인간의 희노애락을 폭넓게 담고 있으며, 영웅과 악당을 대치시켜 사회 안에서 사람들이 어떻게 행동해야 하는가에 대한 본보기를 제시한다.

다른 예로 기원전 8세기경 호메로스가 쓴 그리스의 유명 서사시《일리아스》와《오디세이》가 있다. 그보다 가까운 예로는 14세기 단테의《지옥》과 초서의《캔터베리 이야기》, 17세기 존 밀턴의《실락원》, 18세기 후반 새뮤얼 테일러 콜리지의《노수부의 노래》, 19세기 로드 바이런의《돈 후안》등이 있다. 그 뒤로 서사시는 산문이나 장편 TV 드라마 속 이야기에 자리를 내주었지만, 그 형식은 계승되었다. 일례로 호주의 소설가 겸 시인 클라이브 제임스Clive James가 1974년에 발표한 풍자 서사시《페레그린 프릭의 런던 문학계 순례: 영웅시체 2행 연구의 비극Peregrine Prykke's Pilgrimage Through the London Literary World: A Tragedy in Heroic Couplets》이 있다. 나는 그가 또 한 편의 작품을 준비 중이라고 들었다.

문학이론가 브라이언 보이드는 종교사상 자체가 교리보다 이야기에 더 많은 신세를 지고 있으며, 종교적인 이야기들은 대개 마법과도 같은 행위를 소재로 한다고 지적했다. 성경은 시편 77편 15장에서 '당신은 기적을 일으키시는 하느님, 백성들 사이에 당신 권능을 드러내셨습니다'라고 선포한다. 신약의 4대 복음은 병든 자를 치유하고, 물을 포도주로 바꾸며, 물 위를 걷는 등 예수가 행한 37개의 기적을 기록하고 있는가 하면, 예수 자신이 동정녀에게서 태어난 하나님의 아들로 여겨진다. 이슬람교의 경전 코란은 그 자체로 천사장 가브리엘을 통해 알라가 예언자 마호메트에게 전한 기적으로 여겨진다.

범죄소설, 딴생각의 색다른 가이드

　문자의 발명과 함께 이야기는 훨씬 다채로워졌고 더 넓은 지역으로 확산되었다. 그래도 여전히 변치 않는 이야기의 주된 역할은 영웅을 내세우고 도덕적 가치를 강화하는 것이다. 어쩌면 의외일 수도 있겠지만 이 점은 범죄소설을 통해 분명히 드러난다. 살인을 비롯한 여러 범죄들은 성경에서부터 셰익스피어까지 언제나 이야기의 소재가 되어 왔다. 현대의 범죄소설은 산업사회의 요소들을 바탕으로 새로운 관례 conventions들이 추가되었다는 차이가 있다. 살인에 대한 인간의 집착은 혼란을 부추길 뿐 사회의 평화로운 협력에 도움이 되지 않는다고 생각할 수도 있겠지만 범죄이야기들은 사실 알고 보면 과거의 서사시와 마찬가지로 도덕적 교훈을 담고 있다. 범인은 어김없이 붙잡히고 적절한 절차에 따라 처벌을 받기 때문이다. 우리가 알고 있는 범죄이야기들은 대체로 서구문화의 현상이며, 여러 가지 면에서 유난히 영국적인 냄새를 풍기지만 보편적인 주제를 표현한다.

현대의 범죄이야기가 살인이나 잔혹함을 다루는 과거의 이야기들과 차별화되는 부분은 탐정이 영웅으로 등장한다는 점이 아닐까 싶다. 탐정물이 인기 장르로 부상한 것은 에드거 앨런 포와 윌키 콜린스 같은 작가들이 등장한 19세기 중반에 들어서면서부터다. 탐정 영웅의 전형은 아서 코난 도일의 셜록 홈즈다. 그는 비열한 모리아티의 뒤를 쫓는 도덕의 수호자일 뿐 아니라 비범한 관찰력과 추리력으로 범죄를 해결하는 똑똑한 괴짜다. 셜록 홈즈는 야심 찬 과학자들에게도 본보기였다. 범죄자를 붙잡는 것은 힉스입자를 찾아서내는 것과 비슷한 면이 있다. 당연히 홈즈는 코난 도일의 상상 안에서만 존재하는 인물이었지만 너무나도 유명해진 나머지 그를 실제 인물, 나아가 신격화된 존재로 여기는 사람들이 많았다. 코난 도일이 1893년 출간된 《마지막 사건》에서 셜록 홈즈를 죽게 했을 때 홈즈를 살려내라는 대중의 요구가 빗발쳤고, 결국 그는 《빈 집의 모험》에서 홈즈를 되살려내지 않을 수 없었다. 단편 《빈 집의 모험》은 1894년을 배경으로 하고 있지만 발표된 것은 1903년이다.

셜록 홈즈는 소설 속 탐정의 전통을 세웠다. 색다르며 종종 이국적 정체성을 갖기도 하는 탐정들은 우리를 그들 머릿속으로 유인하고, 그럼으로써 우리가 스스로를 바라보는 시각을 확장시켜준다. 존 버컨의 《39계단》을 비롯해 그의 다른 스파이 이야기에도 등장하는 영웅 리처드 해니는 불굴의 정신력과 두려워하지 않는 자세, 혹은 최소한 두려움을 내색하지 않는 태도 등 영국 사립학교의 가치들을 전형적으로 보여준다. '사퍼Sapper'라는 필명으로 작품을 썼던 H. C. 맥네일

McNeile 소설의 불독 드러먼드나 지금까지도 대중영화 속에서 아수라장을 만드는 이언 플레밍의 제임스 본드도 같은 맥락의 전통을 계승하고 있다.

그러나 무조건 싸우고 보는 영웅의 모습에 독자들이 싫증을 느꼈기 때문이었는지, 이후의 소설 속 탐정들은 전반적으로 좀더 온화하면서도 유별난 인물로 그려지기 시작했다. 도로시 세이어즈의 소설에는 피터 데쓰 브레든 윔지 경이 이름이 너무 많은 전형적인 영국 귀족으로 등장한다. 애거사 크리스티는 지나치게 깔끔한 성격의 벨기에 탐정 에르퀼 푸아로를 창조했고, 그에게 싫증이 날 무렵 노처녀 할머니 탐정 미스 제인 마플을 등장시켰다. 마플 여사는 뜨개질을 하면서 놀라운 관찰력으로 결정적인 실마리를 찾아내는 재주가 있었다. G. K. 체스터턴의 성직자 탐정 브라운 신부는 텔레비전 화면으로 부활해 인기를 누리기도 했다. 좀더 최근의 사례로는 헤닝 만켈의 뚱한 형사 쿠르트 발란더, 이언 랜킨의 방탕한 경사 존 리버스, 새러 패러츠키의 강단 있는 여탐정 V. I. 위쇼스키[3] 등이 있다. 물론 현실의 탐정들은 훨씬 평범한 사람들이다. 적어도 가끔씩 텔레비전에 등장하거나 (만약 이런 경우가 실제 있다면) 응접실에 모인 용의자들 앞에 나타나는 모습으로만 판단해볼 때 그렇다는 말이다.

소설 속 탐정의 머릿속에 들어감으로써 우리는 평소라면 접근이 허용되지 않는 장소나 사회를 접해볼 수 있다. 최근 인터뷰에서 스코틀

---

3   V. I.는 '빅토리아 이피게니아'라는 훨씬 여성스러운 느낌의 이름 머리글자를 딴 것이다.

랜드의 추리소설 작가 이언 랜킨은 이렇게 말했다.

> 탐정은 사회 전체를 바라볼 수 있는 완벽한 인물, 완벽한 수단입니다. 사회의 어떤 부분에라도 접근이 허용되는 다른 캐릭터는 떠오르지 않네요.… [탐정을 통해 독자는] 은행, 경찰, 대기업의 최고경영자, 가게를 운영하는 사람들뿐 아니라 재산을 몰수당한 사람들, 선거권을 박탈당한 사람들, 실직자, 약물 중독자, 매춘부들에게도 접근할 수 있죠.[4]

그러고 보면 범죄소설은 사실상 우리를 색다른 장소, 색다른 시대, 색다른 생각 속으로 안내해주는 가이드가 딸린 정신의 방랑연습이라고 할 수 있다.

범죄이야기의 또 다른 특징은 (그러길 바라지 않지만) 우리에게 닥칠 수 있는 위험한 사건들을 경고해주고, 만약 그런 일이 벌어지면 생길 만한 시나리오를 제시해줌으로써 그 상황에 보다 준비된 상태로 대처할 수 있게 한다는 점이다. 물론 어두운 이면도 있다. 추리소설은 범인이 어떤 실수로 붙잡히게 되는지를 적나라하게 보여주므로 독자들에게 나쁜 짓을 저지르고도 이를 모면하는 요령을 알려줄 수도 있다. 그러나 반대로 사실이 허구보다 앞서는 경우도 있다. 피터 잭슨 감독의 1994년도 영화 〈천상의 피조물〉은 뉴질랜드 여학생 두 명이 한 학생의 엄마를 살해한 실화를 바탕으로 하고 있다. 두 소녀는 당연히 붙잡혀

---

4   2012년 11월 3일자 《뉴질랜드 리스너New Zealand Listener》 지와의 인터뷰 중에서 인용했다.

수감되었고, 그 중 한 명은 앤 페리Anne Perry라는 필명을 쓰는 범죄소설 작가가 되어 이제 국제적으로 유명해졌다.[5]

이야기의 힘

물론 모든 허구에 살인사건이 등장하지는 않는다. 많은 소설이 일상 생활을 그리되 상상력을 한 겹 덧붙여 독자의 이해나 감정이입을 높이는 방식으로 구성된다. 우리의 정신은 그런 소설이 만들어내는 인물 속으로 방랑하면서 모험과 위기를 간접적으로 경험한다. 희곡과 소설은 또 사회논평의 역할도 담당한다. 찰스 디킨스의 소설은 19세기 런던의 모습을 생생하게 그려내었을 뿐 아니라 가난한 사람들의 생활상을 집중조명하여 사회개혁을 이끌어내기 위한 의도를 담고 있었다. 디킨스는 연재소설의 선구자여서 독자들은 매번 간절한 마음으로 다음 편을 기다리곤 했다. 이 기법은 라디오 연속극 제작방식에 고스란히 반영되었고, 그 후에는 텔레비전 시리즈물의 형태로 이어졌다. 그는 또한 희화적인 인물묘사 기법을 완성시켜 파긴, 유리아 힙, 픽위크 씨 등 인상적이면서도 과장된 캐릭터들을 만들어냈다.

고전설화의 신들이 그러했듯 현대소설의 인물들은 희화를 뛰어넘어 인간의 정상적인 능력을 초월하는 캐릭터로 확장되기도 한다. 이례적

---

5   공개 인터뷰를 통해 스스로 과거를 인정했다.

인 성공을 거둔《해리 포터》시리즈를 통해 충분히 확인되었듯이, 특히 동화는 말하는 동물, 요정, 마법사를 비롯해 많은 초자연적 존재들로 넘쳐난다. 초자연적 존재들은 꾸며진 것일까? 어쩌면 과도한 상상력 덕분에 있을 수 있는 존재를 더 잘 이해하게 되었는지도 모르지만, 그보다는 소망의 산물인 경우가 더 많다. 하늘을 날 수 있다면, 굉장히 강해질 수 있다면, 생각만으로 사물을 통제할 수 있다면 우리가 세상에서 맞닥뜨리는 여러 가지 문제들을 극복할 수 있을 텐데 하는 바람이 이런 초자연적 존재들을 탄생시킨 것이다. 제임스 본드와 수퍼맨도 초인적 능력을 지닌 영웅들의 긴 계보를 잇는 캐릭터들이다.

다른 형태의 놀이들과 마찬가지로 소설은 한낱 판타지, 혹은 삶의 현실에서 도피하기 위한 수단으로 종종 치부된다. 어떤 사람들은 아이들이 만화책을 읽거나 텔레비전 만화영화를 보도록 내버려둘 게 아니라 당장 설거지를 돕거나 방정리를 하게 해야 한다고 주장한다. 그러나 연구에 따르면 소설은 공감능력을 높여주고 마음 읽는 능력을 향상시켜 우리가 타인을 더 잘 이해할 수 있도록 도와준다. 뇌 영상에서는 줄거리가 있는 이야기를 읽을 때 활성화되는 뇌영역과 마음이론과 관계된 뇌영역이 중복되는 것으로 나타났다. 한 연구에서 사람들이 읽는 소설과 비소설의 양을 측정했는데, 공감능력은 소설의 양과 긍정적 상관관계가 있지만 비소설의 양과는 부정적 상관관계가 있는 것으로 드러났다. 또 다른 최근 연구에는 '문학소설 읽기가 마음이론을 개선한다'는 표제가 붙었다. 사회생활을 잘 하고 싶다면 컴퓨터광보다는 책벌레가 되는 게 좋을 것이다. 하지만 앞 장에서 언급한 바와 같이 우리에게는 세탁기를 고치고 컴퓨터를 설치할 수 있는 사람들도 필요하다는 사실을 기억하자.

캐나다의 존경받는 심리학자이자 신경과학자로서 나의 멘토 중 한 분이셨던 도널드 헵Donald Hebb 교수는 우리 대학원생들에게 실험심리학 저널을 탐독하는 것보다 소설을 읽음으로써 배울 수 있는 실용심리학 내용이 더 많다는 말씀을 곧잘 하셨다. 그게 더 재미있기도 하고.

물론 언어가 이야기를 공유하기 위해서만 사용되는 것은 아니다. 우리는 지식을 공유하기 위해서도 언어를 사용한다. 물론 내 경험상 강의에 간간이 이야기를 끼워 넣으면 학생들이 졸지 않고 집중하는 데 도움이 되는 것 같긴 하다. 그리고 지식 그 자체도 이야기를 닮은 경우가 많다. 예를 들어 현대물리학은 중간자, 중입자, 쿼크뿐 아니라 신의 입자라 불리는 힉스입자 등 기묘하고도 전능한 개체들로 가득하다. 이는 어쩌면 고대 신화의 악마와 신에 상응하는 현대 버전인지도 모른다.

인간이라는 종의 고유함을 정의해주는 무언가가 있다면, 바로 정신적 방랑 속에서 이야기를 만들고 그 이야기를 들려주고 그러기 위한 수단으로서 언어를 발명했다는 점이다. 앞 장에서 설명한 바와 같이 쥐를 비롯한 다른 동물들도 제한적으로나마 정신의 여행을 떠날 수 있으나 이야기는 인간의 정신생활을 무한히 확장시켜준다. 이야기의 힘을 이용해 우리는 방대한 도시를 건설하고 기계 만드는 방법을 배웠다. 도시도 기계도, 여러 층이 모인 집합체multi-storeyed로서 다양한 이야기multi-storied를 품고 있다. 언어는 이야기 전달에서 시작하여 수학의 발명, 어마어마한 계산능력, 인터넷이라는 자원, 언제 어디나 들고 다니는 휴대폰으로 확장되었다. 이야기는 서술과 놀이를 결합시켜주며, 덕분에 우리는 실재와 가상의 갖가지 체계들을 구성할 수 있게 되었다. 인간이 실제로 우주를 탐사하기 시작한 것은 이미 정신의 여행을 통해 달에도 가보고 화성에도 발을 내디딘 한참 후의 일이다.

딴생각과 멍때림, 잡념과 몽상 등 정신이 어느 한곳에 집중하지 못하고 이리저리 방랑하는 상태는 지금까지 시간낭비, 심지어 비난받을 행동으로 여겨졌지만, 사실은 기억을 바탕으로 살아가는 우리 인간에게 자연스러운 시간일 뿐 아니라 기억과 정보를 통합하고 다른 사람의 마음을 이해하고 인간다움을 만들어내는 데 꼭 필요하다는 점을 설명했다. 이러한 과정들은 의식적으로도 무의식적으로도 일어난다. 다음 두 장에서는 의식적인 통제에서 멀리 떨어진 정신의 방랑을 소개하고자 한다. 누구나 어렴풋이라도 알고 있을 것이다. 기억이나 놀이만 창작의 근원이 되는 것은 아니다.

7장

꿈과 무의식 속에서
우리의 정신이 찾아내는 것은?

우리는 꿈과 같은 존재이고 우리의 짧은 삶은 잠으로 둘러싸여 있다.

– 윌리엄 셰익스피어, 《템페스트》

　　우리가 수면 중에 꾸는 꿈은 정신적 방랑의 아주 흔한 형태다. 월터 미티의 백일몽과 마찬가지로 밤에 꾸는 꿈도 디폴트 모드 네트워크를 활성화시킨다. 1장에서 설명했듯이 디폴트 모드 네트워크란 뇌 안에 널리 퍼져 있는 신경그물을 가리키며, 멍때리거나 딴생각에 빠져 있듯이 주의가 집중되어 있지 않을 때 활성화된다. 꿈은 이야기처럼 나름의 내러티브가 시간의 순서에 따라 펼쳐지는 구조를 갖는다. 그러나 꿈은 실제로 벌어지고 있는 일처럼 생생히 체험된다는 점에서 의식상태의 정신적 방랑과 같지 않다. 월터 미티조차 (그가 실제 인물이었다면) 자신이 정말로 8기통 엔진을 달고 질주하는 거대한 해군 수상기 모함을 타고 있는 게 아니라 거친 운전에 다소 불안해하는 부인을 옆자리에 태우고 고속도로를 달리는 중이라는 사실을 알았을 것이다. 그는 몽상에 잠겨 있었지만 그런 백일몽은 우리가 잠들면 어김없이 찾아오는 꿈과 다르다.

꿈은 대부분 현실처럼 경험되지만 가끔씩 우리는 일명 '자각몽'이라는 걸 꾼다. 꿈을 꾸고 있음을 의식하고 있는 상태를 말한다. 자각몽 상태에서는 꿈의 내용이 불쾌하거나 공포스러울 때 어떻게든 억지로 잠에서 깨어남으로써 그 상황에서 빠져나올 수 있다. 내 경우에는 강제로 눈을 뜨는 방법이 효과가 있다. 어차피 눈을 뜬 것처럼 생생하게 꿈이 보인다는 점을 감안하면 묘하게 역설적인 전략이긴 하다. 그런데 얼마 전 나는 이 방법을 시도해보려다 어찌된 영문인지 잠에서 깨어나지 못하고 잠이 깬 상태가 되는 또 다른 꿈속으로 들어가버렸다. 아니 어쩌면 이 이야기 전체가 나의 꿈이었는지도 모르겠다. 가수 비욘세의 노래 가사처럼 심지어 '인생은 한낱 꿈일 뿐life is but a dream'인지도.[1] 우리가 어찌 알겠는가?

잠을 자는 동안 우리는 렘REM, rapid eye movement수면과 비렘NREM, non-rapid eye movement수면 상태를 오간다. 꿈이 가장 생생하게 지속되는 렘수면은 대략 90분마다 찾아오므로 하룻밤에 서너 개의 렘 에피소드가 생기는 셈이다. 렘수면 중 사람들을 깨우면 약 80퍼센트의 경우

---

1   나이 지긋하신 독자들은 1852년에 처음 발표된 동요 'Row, Row, Row Your Boat'의 가사로 생각날 수도 있다. 하지만 설마 '그렇게' 나이 많은 분이 여태 살아 계실라고?

꿈을 꾸고 있었다고 말하지만, 비렘수면 중 깨우면 꿈을 꾸었다고 밝히는 비율이 10퍼센트에도 미치지 못한다. 그런데 희한하게도 사람들은 비렘수면에서 깨어나기 직전에 머릿속으로 생각을 하고 있었다고 말한다. 이렇게 답하는 비율은 23퍼센트에서 80퍼센트 가까이에 이른다. 이는 비렘수면 중 사고의 속성이 꿈보다는 사색에 가까움을 시사한다. 하지만 막 잠이 들려고 할 때의 비렘수면 단계에서는 짧지만 생생한 환각체험을 하게 되는데, 대략 80~90퍼센트의 경우에 경험되는 이 현상을 '입면환각hypnagogic hallucination'이라고 한다. 입면환각은 짧고 정적이며 실제 꿈을 꾸는 당사자를 포함하지 않는다는 점에서 렘수면 중 꾸는 꿈과 차이가 있다. 렘 상태의 꿈에서는 당사자가 직접 관여하는 것이 보통이며 때로 괴로워하면서도 참여자의 위치를 지킨다.

평소 시각에 의해 활성화되는 뇌의 피질부위가 이 환각 경험에 의해서도 활성화된다. 일본의 한 연구팀은 세 명의 피험자들을 대상으로 사물과 풍경에 의해 자극되는 뇌 시각영역의 활동패턴을 파악한 다음, 피험자가 막 잠들려는 상태에서 이 부위에 나타나는 활동을 기록했다. 그런 다음 잠든 피험자들을 깨워 잠에서 깨기 직전에 어떠한 시각적 경험을 했는지 설명해보도록 했다. 연구진은 미리 파악해 놓은 활동패턴을 바탕으로 피험자들이 꿈속에서 무엇을 보았는지 약 60퍼센트의 정확도로 예측할 수 있었다. 완벽하지는 않지만 우연이라 보기에는 훨씬 높은 적중률이다. 영상기술의 발전으로 언젠가는 사람들에게 굳이 묻지 않아도 어떤 꿈을 꾸고 있는지 정확히 알 수 있는 날이 올지도 모른다. 그건 궁극적으로 사생활 침해가 될 수 있다.

꿈이 과거의 에피소드를 그대로 재생하는 경우는 매우 드물지만 기억의 파편들로 구성되는 게 보통이며, 때로 그 파편들은 기이한 방식으로 결합되기도 한다. 꿈에서는 하늘을 날거나 누군가의 얼굴이 엉뚱한 사람의 몸에 붙어 있는 것과 같은 불가능한 상황이 선뜻 용납된다. 아무런 원인이나 이유 없이 장면이 전환되기도 한다. 나는 꿈에서 어느 순간 학교 기숙사로 돌아가 있다가도, 느닷없이 절벽에 아슬아슬하게 매달려 있는 처지가 되곤 한다. 둘 다 과거의 사건이긴 하지만 어찌된 일인지 꿈에서는 하나로 뭉뚱그려져 있다.

꿈은 기억을 바탕으로 하지만 꿈 자체에 대한 기억은 희미하다. 사실 꿈을 꾸다가 잠에서 깨지 않는 한 거의 모든 꿈은 잊히고 만다. 설령 나중에 기억이 나더라도 꿈 자체보다는 꿈의 재연일 가능성이 높다. 꿈이 잊히는 이유는 다소 이해하기 힘들다. 왜냐하면 꿈은 기억 시스템의 중추인 해마를 활성화시키기 때문이다. 한 가지 가능성은 기억 형성에 중대한 역할을 하는 뇌의 전두엽이 꿈을 꿀 때 비활성화된다는 사실에서 찾을 수 있다. 또 하나는 뇌가 모노아민 신경전달물질의 비활성화로 인해 전혀 다른 화학적 상태에 놓이게 되어 기억 형성이 억제될 가능성이다. 아니면 해마가 과거에 형성된 기억을 정리하고 통합하는 작업을 하느라 꿈 자체에 대한 기억을 형성하지 못하는 것일 수도 있다.

사실이 어느 쪽이든 꿈 자체에 대한 기억이 사라지는 현상은 환경 적응의 결과임에 틀림없다. 꿈을 실제 일어난 일과 혼동한다면 별로 좋을 게 없기 때문이다. 물론 그래도 혼동하는 경우는 종종 벌어지곤 한다.

렘수면의 주기는 '뇌교pons'(라틴어로 다리라는 뜻)라는 뇌간 깊숙이 위치한 조직이 주관한다. 렘수면 중의 꿈은 시각이 지배한다. 눈을 감은 상태고 대개는 어둠 때문에 시야가 차단된 상황임에도 그렇다. 또한 대략 절반의 경우는 청각요소를 포함하고 약 30퍼센트는 움직임이나 촉감을 포함하지만, 맛이나 냄새를 수반하는 경우는 거의 없다. 우리는 걷거나 달리는 꿈을 꿀 수 있고, 하반신 마비가 있는 사람들조차 꿈에서는 자유롭게 움직인다. 그러나 수면 중에는 실제 움직임이 억제된다. 이 역시 환경 적응의 결과일 가능성이 높다. 이유인즉, 특히 고대에는 잠자는 동안 외부로부터 신체적 공격을 받기 쉬웠을 것이고, 몸을 움직이면 야간에 돌아다니는 포식동물들에게 발각될 위험이 있을 것이기 때문이다. 또한 수면 중 움직임이 억제되는 현상 덕분에 꿈을 현실에서 행동으로 옮기는 사태를 방지할 수 있다. 그런 행동은 위험한 결과로 이어질 우려가 있다. 때로는 움직임의 제약이 꿈의 세계에 영향을 주기도 한다. 수면 연구가 앨런 홉슨Allan Hobson은 '더 빨리 달리려고 애를 쓸수록 약오르게도 다리에 힘이 풀려버리는 덕분에 상상의 꿈이 폭력으로 번지는 사태를 막을 수 있다'고 설명했다.

렘수면은 태아 때부터 나타나고 임신 후기에 최고점에 이르러 수시로 일어난다. 하지만 태아는 아마도 의미 있는 꿈을 꾸지는 않을 것이다. 시간이 지나, 그러나 여전히 출생 이전 비렘수면과 각성상태가 수면주기에 추가되고, 출생 후의 신생아는 깨어 있는 시간과 렘수면, 비렘수면에 거의 비슷한 시간을 보낸다. 그러다 렘수면은 점차 줄어들어 평생 하룻밤에 약 1.5시간 정도로 고정된다. 대략 영화나 텔레비전 드라마 한 편을 볼 수 있는 시간이다.

그러나 꿈이 발달되는 속도는 느릴 수 있다. 취학 전 아이들은 꿈을 꾸긴 하지만 그 내용이 단순하고 정적이며 꿈을 꾸는 당사자의 감정과 관여가 없다는 보고가 있다. 일부 아이들이 경험하는 가위눌림 현상은 나쁜 꿈을 꾼 결과라기보다는 완전히 깨어 있지 않아 생기는 인식불능 상태 때문인 것 같다. 꿈 연구가 데이비드 포크스David Foulkes는 7세 미만의 아이들은 렘수면 중 깨어났을 때 20퍼센트만 꿈을 꾼 반면 성인은 그 비율이 80~90퍼센트에 달한다는 사실을 발견했다. 꿈은 정신의 시간여행 능력과 대략 같은 속도로 발달한다. 앞서 설명한 바와 같이 아이들은 약 4세에 이르러서야 정신적으로 현재를 탈출해 자신이 다른 시간, 다른 장소에 있다는 시나리오를 조리 있게 엮어낼 수 있다. 7세 무렵이 되면 꿈은 서사적 속성을 발전시키고, 꿈을 꾸는 자기 자신을 포함해 움직이는 인물들이 꿈속에 등장한다.

꿈의 발달시기가 이렇게 늦다는 사실은 인간 이외의 동물들도 꿈을 꾸는가에 대한 궁금증을 자아낸다. 많은 동물들이 렘수면을 한다. 조류의 경우 갓 부화한 새끼들만 렘수면에 들어가는 것으로 보인다. 비렘수면은 육생동물들에게서만 나타났다. 비렘수면의 역사는 거의 2억 년 전 지구상에 포유류가 처음 등장했던 시기로 거슬러올라가고, 렘수면은 유대류(태반이 없거나 불완전하여 발육이 불완전한 상태로 태어난 새끼를 육아낭에 넣어서 기르는 동물들로 캥거루, 코알라가 여기에 속한다 - 옮긴이)가 약 1억 5,000만 년 전 갈라져 나올 무렵 생겨났다. 그러나 렘수면이 제대로 정착된 것은 약 5,000만 년 전 태반 포유류의 등장과 함께였다. 그래서인지 캥거루가 렘수면에 빠지는 비율은 인간의 10분 1에 그친다. 개를 키우는 사람들은 애완견이 난롯가에서 잠을 자면서 근육을 파르르 떨거나 가끔씩 작은 소리를 낸다는 이유로 꿈을 꾼다고 주장하지만, 우리는 개들이 어떤 꿈을 꾸고 있는지 짐작만 할 수 있을 뿐이다. 그렇지만 개들의 꿈이 사람의 꿈처럼 서사적 속성을 가졌다고 보기에는 무리가 있다. 물론 4장에서 살펴보았듯이 쥐들도 미로를 배회했던 꿈을 꾸는 것 같기는 하다. 이 부분에 대해서는 뒤에서 자세히 이야기하기로 하자.

렘수면은 단지 꿈을 만들어내는 기계가 아니라 체온조절에 결정적인 역할을 하는 것으로 보인다. 조류와 포유류는 온혈동물이어서 체온이 체내에서 조절된다. 그런데 체온조절 시스템은 적절한 렘수면과 특별한 관계가 있다. 아예 잠을 못 자거나 렘수면을 취하지 못한 쥐들은 신진대사와 체온조절 실패로 모두 죽었다. 이는 렘상태에서의 꿈이 단순히 부수현상, 즉 렘수면의 2차적인 결과이며 그 자체로는 중요하지 않다는 의미일 수 있다. 꿈은 마치 자동차 딜러가 새 차를 팔 때 끼워주는 음향 시스템처럼 아무 대가 없이 우리를 찾아온다. 그럼에도 사람들은 항상 꿈에 들이닥치는 거의 무작위적인 이미지와 느낌 속에서 의미를 찾으려고 애써왔다. 이런 행위가 찻잎의 패턴이나 행성의 배열에서 의미를 찾으려는 행동만큼이나 타당한 근거가 없을지도 모르는데 말이다.

고대의 학자들은 꿈이 신과 악마의 계시이자 미래에 대한 예고라고 믿었다. 특히 꿈이 미래를 예고해준다는 생각은 지금까지도 이어져 내려왔으며, 그런 생각을 떨쳐버리기란 거의 불가능해 보이기까지 한

무의식은
의식이 다른 곳에 집중되었을 때
자기역할을 한다.

다. 에이브러햄 링컨은 총격으로 사망하기 2주일 전에 암살에 관한 꿈을 꾸었다고 하며, 마크 트웨인은 남동생이 폭발사고로 죽기 몇 주 전 꿈에서 관에 누워 있는 동생의 시신을 보았다고 이야기했다. 사람들은 자신이 큰 비극을 예감했다고 주장하곤 한다. 1966년 웨일스의 작은 마을 애버판에서 폭우로 인한 산사태가 학교를 덮쳐 139명의 어린이와 다섯 명의 교사가 사망한 사건이 있었다. 초자연적 현상에 관심이 있던 영국의 정신과 의사 존 바커John Barker는 신문에 이 사고를 예감한 독자들이 있는지 묻는 광고를 냈다. 그랬더니 잉글랜드와 웨일스 전역에서 60여 통의 편지가 도착했고 그 가운데 절반은 꿈을 통해 예감을 얻었다고 주장했다.

이런 예감이 초능력의 증거라고 보기에는 무리가 있다. 단순히 날씨가 나쁘다는 사실을 알았기 때문에 불길한 생각이 든 것일 수도 있고, 꿈에 대한 기억이 나중에 사고가 벌어진 다음 그에 맞게 윤색되었을 수도 있다. 지금까지 살펴본 바와 같이 꿈에 대한 기억은 빈약하고 단편적이며 진짜 기억 못지않게 조작된 부분도 많다. 2장에서 설명한 것처럼 일상적인 사건에 대한 기억마저도 테이프 녹음이나 동영상보다는 이야기에 가깝다. 당나귀 이요르처럼 언제든 재난이 일어날 수 있다고 생각하는 사람들이 있다. 그들은 틀림없이 재난에 관한 꿈도 꿀 것이다. 그러다 보면 언젠가는 꿈이 이루어진 것만 같은 상황이 찾아올 수밖에 없다.

밥 딜런은 적어도 'I Feel a Change Comin' On(나는 변화가 오는 걸 느껴)'이라는 곡에서만큼은 꿈에 대해 회의적이다. 그는 설령 꿈이 이루어졌을 때도 자신에게는 소용이 없었다고 노래한다. 꿈만 믿고 앉아 있는 것보다 뭔가 할 일이 있을 것이다.

무의식의 분석가, 프로이트

심리분석의 아버지 지그문트 프로이트는 꿈을 신이나 악마의 계시가 아닌, 무의식이라는 지하세계의 산물이라 생각했다. 무의식 속에는 성性, 두려움, 공격성, 심지어 살인과 같이 동물적인 본능에서 생겨나지만 사회가 억압하도록 요구하는 불온한 생각들이 숨어 있다. 심리분석의 목표는 환자들이 신경증의 진정한 근원을 직시할 수 있도록 무의식 속의 숨겨진 생각들을 드러내는 것이다. 프로이트는 꿈이 '무의식에 이르는 왕도'라고 말했다. 정상적으로는 자기검열되는 생각들을 꿈을 통해 엿볼 수 있기 때문이다. 하지만 그 생각들은 상징으로 위장되어 있어서 감추어진 내용을 알아내기 위해서는 해석이 필요하다. 적어도 프로이트의 세계에서는 금지된 성에 대한 생각이 압도적으로 많다. 그는 무기나 도구가 음경의 상징이라고 했다. 사다리나 계단을 오르내리는 동작은 성행위를 상징한다. 복잡한 기계는 남성 생식기일 '가능성이 농후'하다. '교량 또는 숲이 우거진 산' 풍경도 남성을 상상한다. '식탁보가 덮여 있든 그렇지 않든 테이블은 여성을 의미한다.'

문제는 많은 이들의 지적처럼 거의 모든 것을 성적인 의미로 해석할 수 있고, 사물의 진정한 본질보다 일시적인 기분에 따라 결론을 내릴 수 있다는 데에 있다. 나는 성적인 해석이 '불가능한' 사물이나 활동을 떠올려보려 했지만 허사였다. (있다면 알려달라!) 억압된 성이 신경증의 기저가 된다는 프로이트의 시각은 1980년대와 1990년대에 표면화된 심리요법의 전신이기도 했다(2장 참고). 그러나 이 역시 후건 긍정의 논리적 오류를 안고 있다. 가령 여성들과 관련된 운 나쁜 경험으로 인해 테이블에 관한 꿈을 꿀 수도 있지만, 테이블에 관한 꿈은 단순히 테이블과 관련된 경험 때문일 수도 있다. 또한 내가 장담하건대 사람들은 가끔씩 상징으로 덮이지 않은 섹스 자체에 대한 꿈을 꾸기도 한다.

그렇긴 해도 1900년에 발표된 프로이트의 《꿈의 해석》은 꿈에 관해 통찰력 있고 학구적으로 설명해주는 책이다. 물론 프로이트 자신도 해석에 대해 완전히 확신하지는 못했다. 1906년 친구 빌헬름 플리스에게 보낸 편지에서 프로이트는 다음과 같이 적었다.

> 자네는 언젠가 사람들이 '1895년 7월 24일, 이 집에서 꿈의 비밀이 지그문트 프로이트 박사에게 누설되었음'이라는 문장을 대리석 명판에 새겨 이 집에 걸 날이 오리라고 생각하나? 지금 내게는 그럴 가망이 거의 없어 보인다네.

프로이트는 이른바 '전형적인 꿈'에 대해서도 언급한다. 자주 되풀이되고 누구나 꾸는 듯한 꿈들이다. 높은 곳에서 떨어지는 꿈, 하늘을 날아다니는 꿈, 벌거벗은 꿈이 여기에 포함된다. 프로이트는 떨어지거나 날아다니는 꿈이 유년기와 관계있다고 제안했다. 부모가 아이를 안고 다니거나 장난스럽게 공중으로 던져 올리기도 하고, 놀이터에서 그네나 시소를 탔던 어린 시절의 기억이라는 것이다. 이 해석은 별 무리 없어 보인다. 그는 벌거벗은 꿈의 경우 평소 억눌렸던 노출성향이 표출되는 거라고 설명했다. 꿈에서는 벌거벗은 모습을 감추려고 '도망을 칠' 수가 없기 때문에 한층 더 수치심을 느낀다. 언제 들어본 이야기 같지 않은가? 이어서 그는 '대다수의 독자들이 한 번쯤은 꿈속에서 이런 일을 겪어보았을 거라 믿는다'고 적었다. 그러나 벌거벗은 꿈은 아기 때 벌거벗은 기억에서 유래되었을 수도 있고, 당혹스러운 상황에 대한 두려움을 반영하는 것일 수도 있다.

프로이트도 언급한 또 하나의 전형적인 꿈은 시험에 낙방하거나 유급하는 꿈이다. 프로이트는 유아기에 저지른 잘못에 대한 불안감이 나중에 낙방이나 유급 같은 '현재의' 두려움으로 표출되어 이런 꿈을 꾸는 거라고 설명했다. 그렇게 친다면 나는 50년 동안이나 시험을 볼 일이 없었는데, 아직도 가끔씩 시험에 낙방하거나 시험공부를 하나도 하지 않은 꿈을 꾸니 그의 설명이 완전히 들어맞지는 않는다. 어쨌거나 어린 시절의 불안감은 확실히 꿈속에 끈질기게 남는 것 같다. 나는 아직도 기숙학교로 돌아가는 공포스러운 꿈을 꾸지만 그건 현재의 내 일상에 수시로 찾아드는 공포가 아니다. (기숙학교가 사실 그 정도로 형편없었던 것도 아니고.) 낯선 도시에서 길을 잃는 꿈을 꾸기도 하는데, 이런 사건은 지금도 일어날 수 있지만 그런 걱정으로 잠을 이루지 못할 정도는 아니다. 이 전형적인 꿈의 근원이 무엇이든, 그 보편성은 꿈이 단순히 무작위적이고 변화무쌍한 기억의 뒤범벅이 아님을 시사한다.

꿈이 수치스럽거나 금지된 생각의 상징적 위장이라는 프로이트의 학설은 대체로 지지기반을 잃었다. 그러나 무의식에 관심을 기울인 공로는 인정할 만하다. 무의식은 의식이 다른 곳에 집중되었을 때 자기역할을 하는 것 같다. 까다로운 십자말풀이의 답을 찾거나 누군가의 이름을 기억해내려고 애를 쓰다가 포기하고 나서 한참 후 불현듯 답이 떠오르는 '아하!' 체험은 누구나 해본 적이 있을 것이다. 수학자 앙리 푸앵카레는 언젠가 지질학 탐사 중 별안간 영감이 떠오른 일에 관해 다음과 같이 적었다.

여행 때문에 수학에 관한 일은 까맣게 잊을 수 있었다. 쿠탕스에 도착하자 우리는 다른 곳으로 가기 위해 버스로 갈아탔다. 버스 계단에 막 발을 내딛는 순간 갑자기 한 가지 아이디어가 떠올랐는데, 그것은 그 직전의 생각과는 전혀 상관없는 내용이었다. 그 아이디어란 바로 내가 푸시앙 함수를 정의하기 위하여 사용하던 변환들이 비유클리드 기하에서의 변환과 동일하다는 것이다.

꿈속에서의 위협 시뮬레이션

호랑이! 호랑이! 밤의 숲속에서
이글이글 불타는 호랑이!

어떤 불멸의 손 혹은 눈이

그대의 무시무시한 균형을 만들 수 있었는가?

　　　　　－ 윌리엄 블레이크, 〈경험의 노래Songs of Experience〉

　핀란드의 심리학자 안티 레본수오Antti Revonsuo는 꿈이 위협적인 사건의 시뮬레이션으로서 현실의 위험을 인식하고 대처방법을 강구할 기회를 제공해준다고 설명했다. 위협적인 내용의 꿈은 위험투성이인 환경에 대한 적응반응으로서 홍적세에 등장했다. 그렇게 보면 블레이크의 '호랑이'는 선사시대의 위협을 상징한다. 물론 선사시대라면 밤의 숲보다는 끝없이 펼쳐진 아프리카 사바나가 그 배경이었겠지만 말이다. 앞서 살펴본 '전형적인 꿈'은 확실히 위협적인 내용이 많고 악몽 같을 때도 있다. 꿈은 실제로 원시적인 특징을 갖고 있다. 책을 읽거나 글을 쓰거나 컴퓨터를 사용하거나 자동차를 운전하는 꿈은 좀처럼 안 꾸지 않는가? 레본수오는 꿈이라는 시스템이 현대와 동떨어진 시대로부터 비롯되었지만 우리의 정서기억 속에 깊이 배어들어 있다고 설명했다. 꿈은 동화와 많은 공통점을 갖고 있다. 동물, 숲, 위험한 것들이 우글거린다는 점에서다. 그리고 보면 우리가 오히려 아이들에게 원시세계를 재창조해줌으로써 평생 꿀 나쁜 꿈의 소재를 제공해주는 것이 아닐까 하는 의아한 생각이 들지 않을 수 없다.

　레본수오의 이론을 계기로 몇몇 다른 나라에서 수집된 대량의 꿈에 대한 분석이 이루어졌다. 그 꿈 중 약 3분의 2 내지 4분의 3은 위협적인 사건을 포함하고 있었는데, 이는 깨어 있을 때 발생할 수 있는 위

위협이나 트라우마에 노출된 사람들은
평온한 삶을 살아가는 사람들에 비해
위협받는 꿈을 더 많이 꾼다.

협보다 훨씬 높은 비율이다. 또한 꿈에서 겪는 위협의 내용은 훨씬 극단적이다. 실제로 위협이나 트라우마에 노출된 사람들은 평온한 삶을 살아가는 사람들에 비해 위협받는 꿈을 더 많이 꾼다. 여러 나라의 꿈을 비교한 한 연구에서는 위협적인 꿈의 비율이 핀란드 어린이들에게서 40퍼센트 미만 정도로 가장 낮게 나타났다. 이 연구의 연구자들에 따르면 핀란드 어린이들은 전체 연구 대상 어린이들 중 가장 평화롭고 안정적인 환경에서 평생을 살아왔고 어쩌면 무서운 이야기를 들어본 적도 없었을 것이다. 반대로 정신적 외상에 시달리는 쿠르드 아이들의 경우, 위협적인 꿈의 비율이 80퍼센트나 되었다.

위협적인 꿈의 가장 흔한 형태는 폭력과 관련이 있었고 약 40퍼센트를 차지했다. 나머지는 대개 실패, 사고, 불운을 그 내용으로 했다. 시험 보는 꿈을 꾸는 나의 사례에서 알 수 있듯이 꿈에서 만나는 위협은 최근의 사건보다 오래된 기억에서 비롯되는 경우가 더 많다. 얼마나 최근의 위협인가보다는 얼마나 큰 정서적 의미가 있느냐가 더 강력한 영향력을 발휘하는 것으로 보인다. 꿈에서의 위협은 대부분 꿈을 꾸는 당사자를 대상으로 하지만, 약 30퍼센트의 경우 가족, 친구, 동료 등 중요한 주변인들을 대상으로 했다.

위협적인 꿈의 기원이 홍적세로 거슬러올라간다는 생각은 어느 정도 일리가 있다. 영국 철학자 토머스 홉스의 《리바이어턴Leviathan》에 나오는 표현대로 고대인의 삶은 '괴롭고 잔인하며 짧았다.' 증거로 남아 있는 홍적세의 화석 유물을 살펴봐도 네안데르탈인이든 초기 인류든 40세를 넘은 경우가 많지 않다. 수렵채집생활을 했던 우리 조상들에게는 위험한 포식동물들과 식량을 구하러 가는 험난한 길이 모두 생명의 위협이었을 것이다. 꿈속에서 공격 상황을 시뮬레이션해보고 대응전략을 수립하도록 적응되었을 가능성이 높다. 호랑이나 다른 포식동물에 관한 기억이 게놈 자체에 암호화되어 있다는 이야기가 아니라 낯선 장소에 가거나 낯선 생명체를 보았을 때 느껴지는 위기감이 위협요소가 많던 그 시대부터 우리의 생물학적 구성에 뿌리 깊이 배어 있을지도 모른다는 뜻이다. 아이들의 동화나 만화를 통해 우리가 홍적세를 부활시키려고 최선을 다하고 있는 건 아닐까? 그러나 모든 위협이 꿈으로 나타나는 것은 아니다. 홍적세에는 질병 또한 생명을 위협한 요소였지만 꿈의 세계에서 질병이나 감염에 대한 치료법을 찾을 방도는 없다. 몸이 아픈 꿈을 꾸는 일은 드물고, 설령 그런 꿈을 꾼다 해도 딱히 꿈이 해줄 수 있는 일이 많지 않다. 결국 꿈 스스로 위협에 대한 잠재적 해결책을 내놓을 수 있도록 꿈의 내용을 보정하는 듯하다.

프로이트의 이론과 마찬가지로 위협이론이 암시하는 사실은 적어도 렘수면 중의 꿈만큼은 인간 또는 홍적세의 선조들에게만 고유하게 나타나는 특징이라는 점이다. 호랑이라면 인간에게 위협받는 꿈보다는 신이 나서 먹잇감을 위협하는 꿈을 꾸었겠지만 그건 알 수 없는 일이다. 물론 지금은 상황이 역전되어 호랑이가 위협받는 처지에 놓였다는 이야기를 덧붙이지 않을 수 없지만 말이다. 그러나 위협이론이 프로이트 이론보다 더 보편적일 수 있다. 렘수면 중에 꾸는 꿈은 뇌간의 작용에 의해 주도된다. 아마도 감정중추에서 차올라 기억을 수반하는 더 고차원적인 영역에 영향을 줄 것이다. 우리 인간의 감정이 홍적세의 위험한 환경에서 기인한 특징들을 가지고 있는지 모르겠지만, 감정 자체는 훨씬 더 오랜 기원을 갖고 있다. 따라서 실험쥐 월터 래티 역시 위험한 고양이 꿈을 꿀 수 있다.

1892년 책 《인간과 동물의 감정표현》에서 찰스 다윈은 인간만의 고유해 보이는 감정표현이 딱 한 가지 있다고 적었다. '모든 표정 중에서 얼굴 붉힘은 가장 엄밀한 의미에서 인간다운 현상'이라는 것이다. 앗, 그건 내가 꿈에도 생각지 못했던 부분이다.

잠잘 때 일어나는
정신의 재정비

위협이론은 대체로 렘수면 중 일어나는 꿈을 바탕으로 한다. 렘수면 중의 꿈은 가장 생생하게 기억에 남을 뿐 아니라 가장 자주 발생한다. 그러나 비렘수면, 특히 초저녁의 비렘수면 중 꾸는 꿈은 완전히 성격이 다르다. 꿈에 과거의 정서적 두려움보다는 최근의 경험이 반영된다는 점에서다. 쥐든 사람이든 비렘수면 중에 꾸는 꿈이 해마의 기록과 더 많이 일치한다. 4장에서 나는 쥐의 해마에서 발생하는 물결 모양 뇌파가 미로와 같은 친숙한 지형에서의 궤적과 일치한다고 실명했다. 궤적은 실제로 쥐가 지나간 경로와 일치할 때도 있지만, 차후의 탐험을 기대하기라도 하듯 새로운 경로일 때도 있다. 이 물결 모양 뇌파는 쥐가 깨어 있을 때만이 아니라 잠들어 있을 때도 발생한다. 초저녁의 비렘수면 중에 궤적의 재활성화가 가장 강하게 나타난다.

에린 웸즐리Erin Wamsley와 로버트 스틱골드Robert Stickgold는 사람이 비렘수면 중에 꾸는 꿈을 연구했다. 이 꿈들 중 절반 정도는 깨어 있는 동안 겪은 최근 경험을 적어도 한 가지는 포함했다. 그러나 꿈에서 실제 일어난 대로 경험이 재생된 경우는 단지 2퍼센트에 불과했다. 꿈은 다음과 같은 방식으로 경험을 똑같이 복제하지 않고도 경험의 요소들을 반영할 수 있다.

깨어 있는 상태의 기억: [근무시간이 끝나고] 스타벅스를 나설 때 페스트리와 머핀이 너무 많이 남아 폐기하거나 집으로 가져가야만 했다. 나는 어느 머핀을 가져가고 어느 머핀을 버릴지 결정할 수가 없었다.

꿈의 내용: 아빠와 나는 쇼핑을 위해 집을 나섰다. 우리는 가게마다 구석구석 열심히 둘러보았다. 그중 한 가게는 바닥부터 천장까지 온통 갖가지 종류의 머핀, 머핀, 머핀으로 가득했는데, 나는 어느 머핀을 골라야 할지 결정할 수가 없었다.

렘수면 중의 꿈은 길이가 꽤 길고, 마치 현실에서 일어나는 일처럼 실시간으로 전개되는 반면 비렘수면 중의 꿈은 순식간에 번쩍 하고 지나간다. 최소한 쥐의 해마에 나타나는 물결을 바탕으로 판단할 때 그렇다. 비렘수면은 학습내용의 통합에 중요한 역할을 하는 것으로 잘 알려져 있다. 한 연구에서 피험자들에게 가상의 미로를 학습하는 훈련을 시킨 후 낮잠을 자게 하고 그 꿈을 조사했더니, 다른 내용의 꿈을 꾼 사람들보다 미로에 대한 꿈을 꾼 사람들의 학습효과가 훨씬 높았다. 깨어 있는 상태에서 미로에 대해 생각했더라도 이후의 수행능력에는 영향이 없었다. 따라서 시험공부를 한 다음에는 충분히 잠을 자는 게 최선이라는 결론이 나온다.

이 연구에서도 꿈은 경험의 정확한 재생이 아니었다. 참가자 중 두 명은 미로학습 과제에 나오는 음악을 듣긴 했지만 미로 자체에 대한 꿈을 꾸지는 않았다고 밝혔다. 다른 세 명은 꿈에서 미로와 비슷한 다른 공간을 헤맸다고 했다. 그러니까 경험의 정확한 재생을 넘어 사람들이나 쥐들이나 학습내용을 더욱 폭넓게 이해하고 미래에 더 효과적으로 적응할 수 있도록 대비하는 방향으로 통합이 이루어진다고 볼 수 있다. 4장에서 설명한 바와 같이 이러한 꿈은 낮 동안 꾸는 백일몽과 더불어 정신적 시간여행의 기초가 되며, 과거보다는 미래를 목적으로 한다.

그렇다면 우리의 뇌는 밤중에도 가만히 쉰다고 볼 수 없다. 감각적 자극 없이 신체의 움직임이 멈춘 상태로 어둠 속에서, 뇌는 몸뿐 아니라 정신을 정비할 기회를 갖는다. 자동차도 소모품 상태를 점검하고 성능을 조정하기 위해 가끔씩 정비가 필요한 것과 마찬가지다. 정신의 정비작업에는 렘수면 중 이루어지는 정서 조절과 비렘수면 중 이루어지는 기억의 통합과 확장, 두 종류가 있다. 둘은 뇌의 화학작용 측면에서도 차이를 보인다. 그러한 차이점 가운데 하나가 신경전달물질인 아세틸콜린이다. 신경전달물질은 뇌내 신경들의 효율적인 연결에 영향을 미친다. 아세틸콜린은 비렘수면 중 최소치에 이르며, 사람이나 쥐들이 백일몽에 빠지기 쉬운 '조용한 각성상태' 중에도 줄어든다. 아세틸콜린이 줄어들면 해마에서 뇌의 다른 부분(세부기억 보관장소)으로 가는 정보의 흐름이 원활해져 기억의 통합이 촉진되는 것으로 예상된다. 반면 렘수면 상태에서 아세틸콜린 농도는 깨어 있을 때보다도 높다. 우리가 렘수면 중의 꿈을 기억하기가 거의 불가능한 또 다른 이유는 이렇게 아세틸콜린 농도가 높아서일 수도 있다.

꿈 이론은 대부분 위협, 트라우마, 시험 낙방, 과거의 불운과 당혹감 곱씹기 등 부정적인 부분에 초점을 맞추고 있다. 그러나 우리는 긍정적이고 신나는 꿈도 많다는 걸 기억해야 한다. 꿈같은 내용의 동화를 쓴 닥터수스Dr Seuss는 '현실이 마침내 꿈보다 더 좋아서 잠들기가 싫다면 사랑에 빠졌음을 알 수 있다'고 말했다. 오늘 아침 나의 네 살배기 손녀는 푸우와 티거 꿈을 꾸었다고 신이 나서 이야기했다. A. A. 밀른의 《푸우 모퉁이의 집House at Pooh Corner》에 나오는 티거는 호랑이지만 윌리엄 블레이크의 호랑이와 같은 '무시무시한 균형'이 없다. 그리고 푸우는 곰이지만 테디베어 인형처럼 사랑스럽고 포근하다.

꿈은 거의 전부가 잊히기 때문에 쓸데없는 정신적 방랑의 한 형태로 느껴질 수도 있다. 그러나 깨어 있는 시간을 위해 의식의 자양분을 제공해주지는 못하더라도 무의식을 활성화시킴으로써 나중의 정신적 방랑에 필요한 내적 지양분을 제공하는 게 꿈의 역할이다. 또 어쩌다 꿈이 기억날 때 이는 창의적인 아이디어의 기초를 이루기도 한다. 이 내용에 대해서는 마지막 장에서 자세히 다루기로 하겠다. 그러기 전에 나는 또 다른 형태의 정신적 방랑에 대해 이야기할 것이다. 대체로 우리의 통제를 벗어나 있지만 기억 속에 남아서 의식적인 삶에 영향을 줄 수 있는 정신적 방랑이다.

8장

우리의 정신은 어떻게 환각 속에서
독특한 세계를 만들어내는가?

환각은 오류가 아니라 사실이다. 오류는 그 환각을 바탕으로 내린 판단
에서 발생한다.

                                     – 버트런드 러셀,《지식의 이론Theory of Knowledge》

'환각hallucination'이라는 단어는 16세기 초에 단순히 '방랑하는 정신
wandering mind'이라는 의미로 처음 사용되었다. 당시에는 지금 우리가
이해하는 환각을 '환영apparitions'이라고 표현했다. 예를 들어 셰익스피
어의 희곡《맥베스》에서 세 마녀는 맥더프가 맥베스를 죽이러 스코틀
랜드로 되돌아오고 있음을 경고하고자 이른바 세 개의 환영을 불러일
으킨다. 왕관을 쓰고 손에 나뭇가지를 든 어린아이 모습의 세 번째 환
영은 이렇게 선언한다.

맥베스는 결코 멸망하지 않는다.

거대한 버넘 숲이 던시네인 언덕으로

쳐들어오기 전까진.

환영은 꿈처럼 미래를 말해주는 것으로 여겨졌고, 작품 후반부에서 버넘 숲은 정말로 던시네인 언덕을 향해 움직이는 것처럼 보여 결국 맥베스의 몰락에 기여한다.

'환각'이라는 용어가 오늘날 우리가 사용하는 의미로 소개된 것은 1830년대 프랑스의 정신과 의사인 장-에티엔 에스퀴롤Jean-Étienne Esquirol에 의해서였고, 그 후부터 적어도 최근까지는 정신질환과 결부되었다. 그래도 환각은 여전히 정신적 방랑의 한 사례다. 머릿속에서 만들어지고 현실의 '부가요소'로 받아들여지기 때문이다. 환각을 제일 간단하게 정의하자면, 존재하지 않는 것에 대한 인식이다. 환영이나 환청이 가장 흔하지만 가끔은 냄새나 촉감과 같은 다른 감각을 통해 찾아오기도 한다. 맥베스의 세 번째 환영은 시각과 청각을 통해 찾아왔다. 어른들 말씀하시는데 끼어들면 안 된다는 빅토리아 시대 아이들의 행동규범에는 걸맞지 않았지만(영국 빅토리아 여왕 시대에 'Children should be seen but not heard'라는 격언이 있었다. 곁에 있어도 괜찮지만should be seen 잠자코 있어야not heard 한다는 뜻이다 - 옮긴이).

환각은 현실처럼 지각되지만 다른 사람들은 인지하지 못한다는 점에서 현실에 대한 지각과 다르다. 지금 이 자리에서 일어난다는 점에서 과거 사건에 대한 기억이나 일상적인 멍때리기와도 차이가 있다. 일반적인 정신의 시간여행이 또렷하지 않고 머릿속에 머무는 편이라면, 환각은 현실 같은 생생함과 함께 외부 공간까지 확장된다. 가끔씩 환각은 실제 세계에 대한 지각과 상호작용하여 평범한 세계에 현실 같지 않은 사건을 덮어씌우기도 한다. 2012년 저서 《환각Hallucinations》에서 올리버 색스는 눈앞에 있는 누군가를 보면 한 사람이 아니라 똑같이 생긴 사람 다섯 명이 나란히 보이는 사례를 소개했다.

환각은 너무나 진짜 같아서 종종 정상적인 생활과 합쳐지기도 한다. 색스는 환각성 약물의 영향으로 자신이 경험한 환각을 소개했다. 그는 친구인 짐과 캐시가 문 두드리는 소리를 듣고 나가서 두 사람을 맞이해 거실로 안내한 다음, 햄과 달걀을 요리하며 가벼운 대화를 나누었다. 그러나 준비된 식사를 쟁반에 담아 거실로 나갔더니, 거기에는 아무도 없었다. 짐과 캐시는 평소 목소리로 말을 했고 대화는 지극히 정상적인 것 같았지만 이 모든 것은 환각이었다.

환각은 대부분 환시나 환청의 형태로 발생하지만 다른 감각을 통해 생길 때도 있다. 미국 심리학자 윌리엄 제임스는 누군가 팔을 만지는 느낌이 너무나 생생히 들어 불청객을 찾느라 방을 샅샅이 뒤졌다는 가까운 친구의 일화를 전했다. 제임스가 '현존감sense of a presence'이라고 표현한 느낌은 그보다 더 규정하기 힘들다. 방안에 다른 사람이 있다는 느낌이다. 실제 감각을 침범하지 않지만 유령 침입자가 특정 방향을 바라보고 있거나 특정 지점에 위치해 있다고까지 느껴질 수 있다. 이런 종류의 환각은 충분히 신의 존재로까지 해석될 수 있다.

환각은 정신 이상의 지표로 받아들여져왔고, 한때 환청은 정신과 의

사에게, 환시는 신경과 의사에게 진료받도록 조치되곤 했다. 1973년 정신의학적 징후가 전혀 없는 여덟 명이 흥미로운 실험을 수행했다. 미국 내의 서로 다른 병원에 찾아가 거짓으로 '환청이 들린다'며 이상 증상을 호소한 것이다. 다른 면에서의 행동은 정상이었는데도 이들은 정신병을 진단받았다. 일곱 명은 정신분열증, 한 명은 조울증이라는 병명으로 정신병원에 입원했다. 물론 결국에는 실험의 일환이었음을 밝히고 풀려났다. 이것은 또 하나의 후건 긍정의 오류 사례다. 정신질환이 있는 사람들이 실제로 환각을 경험할 가능성이 높긴 하지만 없는 소리가 들린다고 해서 반드시 정신병이 있다는 뜻은 아니다. 오히려 음성을 듣는 사람들 대부분이 정신병자가 아니다.

일부러 환각을 경험하려고 애쓰는 사람들도 있다. 단지 재미로 그러는 경우도 있지만 환각이 창의성을 향상시켜준다고 믿어서다. 보헤미아 출신의 작가 르네 카를 빌헬름 요한 요세프 마리아 릴케(라이너 마리아 릴케로 더 잘 알려져 있다)는 여러 해 동안 '음성'이 들리기를 기다렸다. 음성이 말하는 내용을 그대로 받아쓰기 위해서였다. 그렇게 오래 기다려야 했던 이유는 음성이 릴케의 너무 긴 이름을 찾느라 힘들어서가 아니었을까.

19세기에 에스퀴롤의 논문이 발표되기 전까지 음성을 듣는 것은 꽤 정상적인 일로 생각되었고, 신이나 악마 때문으로 여겨졌다. 더 최근까지도 사람들은 음성을 신의 메시지나 지시로 받아들이고 간혹 이를 계기로 개종을 하기도 했다. 윌리엄 제임스가 저서 《종교적 경험의 다양성Varieties of Religious Experience》에 인용하고 있는 한 가지 사례는 퀘

이커교의 창시자인 조지 폭스다. 그는 영국 리치필드 시의 대성당 근처를 친구들과 함께 걷다가 부름을 받았다고 한다.

즉각 주님의 말씀이 나에게 임하여 나는 그쪽으로 가야만 했다. 우리가 가려고 했던 집에 도착했을 때 나는 어디로 갈지 아무 말도 하지 않고 친구들이 그 집 안으로 들어가기를 기다렸다. 나는 그들이 집 안으로 사라지자마자 물러나 리치필드에서 약 1마일 떨어진 곳에 다다를 때까지 울타리와 도랑을 둘러보았다. 그곳의 넓은 평원에서 목동들은 양을 지키고 있었다. 그때 주님은 나에게 신발을 벗으라고 명령했다. 나는 겨울이었기 때문에 그냥 서 있었다. 그러나 주님의 말씀은 내 속에서 일어나는 불과 같은 것이었다.

그러한 음성은 사람들이 오늘날에 비해 신의 음성에 훨씬 더 많은 주의를 기울이던 고대시대의 유물일 수도 있다는 의견이 제시되어왔다.

좌뇌/우뇌에 대한 환상

1976년에 출간되었으나 아직도 팔리고 있는 베스트셀러 《의식의 기원The Origin of Consciousness in the Breakdown of the Bicameral Mind》에서 줄리언 제인스Julian Jaynes는 기원전 1000년경까지 환각으로 사람들을 효과적으로 통제하는 것이 가능했다고 주장한다. 환각은 명령을 내리는 신의 음성으로 해석되었기 때문이다. 제인스는 기원전 12세기의 트로이전쟁을 배경으로 한 고대 그리스의 서사시《일리아스》에서 이에 대한 증거를 찾는다. 이 이야기는 계속 구전되어 내려오다가 기원전 850년 무렵 마침내 호메로스가 기록으로 남겼다고 알려져 있다.《일리아스》에서 사람들은 '의식상의 자기conscious self'가 없는 것처럼 그려지며, 따라서 1인칭 시점을 찾아볼 수 없다. 이어서 제인스는 지시를 내리는 신과 그 지시를 듣는 인간으로 양분된 '양원적 정신체계'에 대해 설명한다. 그는 '고대의 양원적 음성이 현대인들에게서 나타나는 환청과 매우 흡사했을 가능성이 높다. 정도는 다양하나 지극히 정상적인 많은 사람들에게 환청이 들렸다'고 썼다.

양원적 정신체계는 기원전 2000년에서 1000년 사이에 일어난 격변적 사건들의 결과로 붕괴되기 시작했다. 전쟁, 홍수, 인구이동은 '혼돈이 무의식세계의 신성한 빛에 어둠을 드리운다'는 뜻이었다. 신의 목소리에 수동적으로 의존하던 인간은 서서히 각자 자기행동에 책임을 지는 인간으로 바뀌었다. 제인스에 따르면 이러한 변화는《일리아스》의 후편인《오디세이》에 극명하게 나타난다고 한다.《일리아스》역시 호메로스의 작품으로 알려져 있지만 문체나 정신세계에 대한 묘사에 커다란 차이가 있다는 것이다.《오디세이》에서는 신의 장악력이 약해지고 등장인물들이 스스로 결정을 내릴 수 있게 된다. 게다가 1인칭으로 말한다.

제인스는 또한 이러한 변화가 뇌의 우세성에도 변화를 가져왔다고 주장한다. 양원적 정신체계에서는 우뇌가 신의 목소리를 듣고 좌뇌로

감방이나 지하감옥에 억류된 사람들은
'죄수의 극장'에서 만들어진
환각과 꿈으로 위안을 얻기도 한다.

전달했다. 좌뇌는 언어에 특화되어 있어서 신의 말씀을 '듣고' 이에 복종했다. 그러나 양원적 정신체계의 붕괴와 함께 지배력이 왼쪽으로 넘어갔고, 이제는 좌뇌가 행동을 통제한다. 하지만 빈도가 낮아졌을 뿐 환각은 우뇌의 흔적기능vestigial functioning으로서 여전히 이어지고 있다.

　제인스는 1997년에 사망했지만 여전히 우상과 같은 존재로 남아 있다. 그의 이론이 역사적으로나 신경학적으로 이치에 맞는지는 의심스럽다. 《일리아스》와 《오디세이》 사이의 시간 간격은 두 작품이 그려내는 사건의 관점으로 보나 집필된 시대로 보나, 그렇게 획기적인 변화가 일어나기에는 너무 가깝다. 또한 제인스의 해석은 고대의 기준으로 봐도 협소한 지역에서 일어난 사건을 바탕으로 하고 있다. 그렇다면 아시아나 아메리카, 오스트레일리아에 살던 사람들의 뇌는 어떻게되었단 말인가? 양쪽 뇌에 차이가 있다는 것은 대중의 인기에 부합할 만한 매력적인 아이디어지만 신경학적 사실보다는 민간전승과 더 깊은 관련이 있다. 우뇌와 좌뇌는 감정과 이성, 사랑과 전쟁, 여성과 남성, 그리고 정치적 좌파와 우파 등 양극성을 갖다 붙이기 편리한 수단에 지나지 않는다. 그런데도 좌뇌/우뇌 이야기는 계속되고 있고, 가장 최근에는 심리학자 이언 맥길크리스트Iain McGilchrist가 2009년에 출간한 책 《주인과 심부름꾼The Master and his Emissary》에서 우뇌가 주인이고 좌뇌는 심부름꾼에 불과하다는 주장을 펼쳤다. 맥길크리스트는 좌뇌로부터 통제력을 빼앗아 우뇌에 되돌려주어야 한다고 주장한다. 말하자면 양원적 정신체계로의 복귀다. 하지만 이어지는 내용을 살펴보면 환각이 주로 우뇌에서 비롯된다는 주장에는 어느 정도 진실이 담겨 있을 수도 있다.

환각 유도하기

환각이나 꿈같은 체험을 일부러 유도하는 한 가지 방법은 두개골을 열어서 노출된 뇌에 약한 전기자극을 주는 것이다. 파티에서 가볍게 즐길 놀이로는 부적합하지만 뇌수술의 예비단계로는 유용할 수 있다. 와일더 펜필드Wilder Penfield는 유명한 몬트리올 신경학연구소Montreal Neurological Institute를 설립한 신경외과 의사로서 간질 발작을 유발하는 뇌부위를 제거하는 수술방법을 처음으로 고안해낸 사람이다. 수술에 앞서 그는 어느 부위를 수술로 제거할 수 있을지 감을 잡기 위해 노출된 뇌에 약한 전기자극을 주었다. 환자들은 의식이 있는 상태여서 뇌수술 중 말을 할 수 있었다. 특정 부위를 자극했을 때 환자가 말을 하지 못한다면 그 부위는 언어기능에 중요한 역할을 하는 것이므로 잘라내면 안 된다. 그런데 뜻밖에도 펜필드는 이러한 자극으로 인해 환자들이 환각이나 꿈같은 체험을 하게 된다는 사실을 알게 되었다.

펜필드가 명명한 이 이른바 '경험반응experiential responses'은 측두엽을 자극할 때 항상 유도되었고, 다른 뇌엽을 자극할 때는 유도되지 않았다. 측두엽의 바로 안쪽에는 해마가 위치해 있고, 따라서 기억에 중대하게 관여한다. 앞에서 설명했던 이 정보가 다시금 떠오르는 것도 바로 당신의 측두엽 덕분이다. 펜필드나 전기자극을 받은 환자들이 보기에 경험반응은 이전 기억의 재연처럼 느껴졌고, 결국 펜필드는 우리가 자발적으로 기억해낼 수 있는 것보다 훨씬 더 많은 정보를 뇌에 비축한다고 제안하기에 이르렀다. 어쩌면 우리가 경험하는 '모든 것'이 기억의 은행에 보관되어 있을지도 모른다고까지 생각했다. 이러한 해석은 해로운 기억들이 억압되어 있으며 치료를 위해서는 뇌 밖으로 끄집어내야 한다는 심리요법의 발상에 불을 지폈다. 2장에서 이야기했듯이 이런 식의 사고는 위험요소가 있다. 지나치게 열성적인 치료사들이 자신도 모르게 거짓기억을 주입시킬 우려가 있기 때문이다.

또 다른 해석은 경험반응이 과거의 재연이라기보다 꿈이나 환각에 더 가깝다는 관점이다. 한 여성 환자는 출산 중인 자기 모습을 보았고 산고를 다시 겪는 듯이 아팠다고 주장했다. 12세 소년은 총을 가진 강도들이 자신에게 덤벼드는 광경을 보았다고 말했는데, 펜필드는 소년이 읽은 만화책 때문에 생긴 환영일 것으로 추측했다. 어느 45세 여성 환자는 학창시절의 선생님 두 명의 얼굴을 보았고, 그들이 자신에게 점점 가까이 다가와 너무 바짝 붙어 서는 바람에 깜짝 놀라 비명을 질렀다. 14세 소녀는 일곱 살 때의 자신이 풀밭을 가로질러 걷고 있었는데, 어떤 남자가 자신을 따라와 목을 조르거나 머리를 때리는 느낌을 받았다. 이 마지막 사례는 환자가 일곱 살 때 꾸었던 꿈과 비슷했다. 오빠들과 함께 들판을 가로질러 걷고 있었는데, 어떤 남자가 뒤에서 다가와 뱀이 잔뜩 든 가방에 자신을 집어넣고 어디론가 유괴하려는 꿈이었다. 이러한 경험들은 실제 사건의 재연이라기보다는 위협 시뮬레이션에 더 가까워 보인다.

많은 사례에서 환자들은 아는 사람의 목소리나 귀에 익은 곡조를 들었지만 이것이 정확한 재연이라는 증거는 거의 없었다. 환각 속의 사건이 살아오면서 언젠가 실제로 벌어졌던 일이었는지를 묻자, 몇몇 환자들은 그럴 수도 있을 것 같다고 대답했지만 어디에도 확신할 수 있는 근거는 없었다. 하지만 어떤 환각들은 정말로 생생하고 세부적이었다. 아래 26세 여성의 사례를 살펴보자.

환자는 동일한 내용의 회상을 여러 차례 경험했다. 사촌의 집 또는 그 집에 갔던 일과 관련된 회상이었다. 최근 10~15년 동안 그 집에 간 적이 없었지만 어렸을 때는 종종 가곤 했다. 차를 타고 가다 늘 철도 건널목 앞에서 멈추었다. 세부사항까지 몹시 생생하다. 건널목에서 역무원이 휘두르는 조명도 보인다. 기차가 지나간다. 기관차가 끄는 그 기차는 왼쪽에서 오른쪽으로 지나가고, 엔진에서 뿜어져 나온 석탄연기가 기차 뒤로 흐르는 모습도 보인다. 오른편에는 큰 화학공장이 있고 화학공장의 악취를 맡은 기억이 난다.

차창은 아래로 내려져 있고 환자는 뒷좌석 오른쪽에 앉아 있다. 커다란 건물로 된 화학공장은 도로를 사이에 두고 낮은 담장이 둘러쳐져 있다. 크고 평평한 주차장이 있다. 공장은 되는 대로 넓게 퍼져 있어 뚜렷한 형체가 없다. 창문이 많다.

이 경우에도 환자는 이것이 실제 사건의 재연인지 아닌지 모르겠다고 말했지만, 환각은 마치 실제 있었던 일처럼 생생했다. 이는 기억의 조각들로 구성된 몽타주였을 가능성이 높아 보인다.

이상의 모든 환자들은 간질을 앓은 내력이 있었다. 어떤 환각은 발작 도중 일어난 반면, 뇌 자극 중에만 나타나는 환각도 있었다. 좌측두엽과 우측두엽에 간질수술을 받은 환자 수는 대략 같았으나 520명 중 40명만 전기유도를 통한 환각을 경험했다. 40명 중 25명은 우세하지 않은 뇌, 즉 대부분의 경우 오른쪽에 간질이 집중되었다. 이는 우뇌에 환각이 잠복해 있다는 제인스의 이론을 어느 정도 뒷받침해준다. 물론 우뇌에서 일어나는 환각은 주로 환시였고, 환청은 우뇌 못지않게 좌뇌에서도 자주 발생했다. 적어도 말할 때만큼은 제인스의 신들이 우뇌든 좌뇌든 가리지 않고 인간을 찾아왔던 모양이다.

환각체험은 당연히 기억을 토대로 하며, 해마의 활성화가 분명 중요한 역할을 담당한다. 하지만 그렇다고 해서 실제 일어난 그대로 기억이 재연되는 것은 아니다. 기억된 장소, 사람, 사물의 요소들로 만들어지지만 예전에 일어난 사건들과 거의 관련 없는 방식으로 구성되는 경우가 더 많다. 도저히 실제 일어난 일이라고 할 수 없는 기상천외한 방식으로 펼쳐질 때도 있다. 환각은 일상생활 중 경험하는 정신의 시간여행보다 꿈에 더 가까우며, 그나마도 부분적으로 조작되어 있다. 어쩌면 우리가 실제 일어난 대로 사건을 정확히 기억하기란 불가능한지도 모른다.

잃어버린 감각을
대체하는 환각

정상적인 감각의 입력이 사라지거나 축소된 경우 환각이 곧잘 일어난다. 마치 간밤에 꿈을 꿀 때처럼 실제 세계가 차단된 상황에서 뇌가 가상세계를 지어내는 것이다. 실명도 감각 상실의 한 형태인데 시력을 잃은 사람들이 환시를 보는 경우가 있다. 찰스 보넷 증후군이라고 알려진 이 현상은 조부 찰스 룰린이 시력 약화와 함께 경험한 '환영'에 관심을 기울이게 된 스위스의 자연주의자 찰스 보넷Charles Bonnet의 이름을 따 명명되었다. 찰스 룰린의 환각은 꽤 현란했다. 한 번은 두 손녀가 할아버지를 보러 왔는데, 룰린의 눈에는 빨강과 회색의 화려한 망토를 두르고 은색 테두리의 모자를 쓴 두 젊은이가 보였다. 룰린이 두 사람을 보고 소리치자 손녀들은 아무것도 안 보인다고 말했고 그 순간 두 남자는 온데간데없이 사라졌다. 지금 네 살인 나의 쌍둥이 손녀들이 잘생긴 젊은이를 대동하고 나타나는 모습을 볼 때쯤이면 내 시력도 어지간히 나빠져 있겠지만 나는 그게 환시가 아니라 진짜이길 바란다.

찰스 보넷 증후군은 한때 이례적인 사례로 여겨졌지만, 이제는 시력이 약화된 노인 환자의 약 15퍼센트에게서 사람, 동물, 풍경으로 이루어진 복잡한 환각이 나타난다고 알려져 있다. 많게는 80퍼센트 이상이 산만한 도형, 색깔, 패턴을 보며, 이는 시각피질 자체의 무작위적 활동에서 기인하는 것으로 보인다. 정상적 입력이 박탈된 상태에서 뇌는 한시도 가만히 있지 않고 스스로 소동을 만들어낸다.

환각은 실제로 의식의 **확장**에
놀랄 만큼 효과적이다.

난청 또한 환각을 일으킬 수 있다. 대개는 음악이지만 때로는 새의 지저귐, 종소리, 잔디 깎는 기계 소리 등 다른 소리가 들리는 경우도 있다. 환시와 달리 음악적 환각은 실제에 충실한 것이 일반적이다. 각각의 음과 모든 악기 소리가 또렷이 들릴 정도로 아주 세밀하다. 때로는 불과 몇 마디만 계속 되풀이해서 들리는 환청도 있다. 올리버 색스는 캐롤 '어서 가 경배하세'의 한 토막을, 남편이 잰 기록에 따르면 10분 동안 19.5번이나 들은 환자에 대해 소개했다. 바이올리니스트인 또 다른 환자는 연주회에서 어떤 곡을 실제로 연주하면서 다른 곡을 환청으로 들었다. 이러한 환각은 이전에 일어난 사건의 재연이라기보다, 잘 알려져 있고 따라서 자주 반복되는 경험의 되풀이에 불과하다.

음악 환청은 끈질기게 이어지고 떨쳐내기가 어렵다는 점에서 1장에서 언급한 귓속벌레와 비슷하다. 그러나 대개는 훨씬 생생하고 실제에 충실한 덕에 환각을 겪는 본인까지 그 세밀함과 정확성에 깜짝 놀라는 일도 있다. 간단한 노래 한 곡조도 부를 수 없는 환자인 경우에는 더욱 그렇다. 음악 환청의 놀라운 사실성은 색스에게 온 어느 여성의 편지에 잘 드러난다.

빙 크로스비의 노래 '화이트 크리스마스'가 계속 들렸어요. 처음에는 다른 방의 라디오에서 나는 소리라고 생각했지만 소리를 낼 만한 모든 것을 없애도 소용이 없었죠. 그 소리는 며칠 동안 이어졌고, 제가 소리를 끄거나 볼륨을 바꿀 수 없음을 곧 깨닫게 되었어요.

청력이 부분적으로 소실된 60세의 어떤 여성은 라디오에서 들려오듯 뒤통수 쪽에서 음악이 들렸다. 한 곡이 3주 동안 되풀이해서 들리다가 다른 곡으로 바뀌었다. 이 환자는 들리는 노래 대부분을 인지하지 못했지만 곡조를 흥얼거리면 가족들은 무슨 곡인지 알아맞힐 수 있었다. 이 노래들은 분명히 기억 속 깊숙이 묻혀 있다가 어떻게든 환각의 형태로 표면화되었을 것이다. 부분적인 청력 손실 이외에 이 여성은 아무런 신경 이상이나 지체장애가 없었다.

꼭 시력이나 청력을 잃어야만 감각 상실을 겪는 것은 아니다. 감방이나 지하감옥에 억류된 사람들은 색스가 명명한 이른바 '죄수의 극장'에서 만들어진 환각과 꿈으로 어느 정도 위안을 얻기도 한다. 시각적 단조로움도 비슷한 효과가 있다. 선원, 극지 탐험가, 트럭 운전사, 비행기 조종사들은 모두 환시에 시달리곤 하며, 가끔 이것이 위험을 초래하기도 한다. 시인 새뮤얼 테일러 콜리지는 1798년 약물로 인한 환각에 다소 들뜬 상태에서 쓴 시 《노수부의 노래》에 선원의 환각을 다음과 같이 담아냈다.

그래, 끈적끈적한 것들이 발로 기어다녔어.
끈적끈적한 바다 위에.

1950년대 캐나다 맥길대학의 연구진은 사람들에게 돈을 주고 방음장치가 되어 있는 방에서 장갑과 반투명 고글을 착용해 자극을 차단한 상태로 견딜 수 있을 만큼 오래 견디어보게 했다. 처음에 사람들은 잠이 들었지만 깨어나자 점점 더 지루해하면서 자극에 목말라 했다. 머지않아 참가자들의 뇌가 그 자극을 제공해주었고, 환각은 갈수록 복잡해져서 상당히 정교한 장면들을 연출하기에 이르렀다. 어떤 사람은 다람쥐들이 눈밭을 가로질러 행진하는 모습을 보았고, 또 어떤 사람 눈에는 밀림을 어슬렁거리는 선사시대의 동물들이 보였다. 그 후의 연구에서는 자원자들을 따뜻한 수조 안에 들어가 몸을 띄우게 했다. 모든 감각 입력이 실질적으로 제거된 이 단순한 환경은 순식간에 환각을 유발했고, 1970년대에 수조는 환각제의 대안으로 지대한 관심을 받았다.

감각 상실로 유발된 환각은 관여하는 뇌영역 면에서 정상적인 시각 기억과는 차이가 있는 것으로 드러났다. 독일의 연구진은 한 여성 화가를 설득해 22일 동안 눈가리개를 한 채 생활하도록 했다. 환시를 경험하게 하기 위해서였다. 눈가리개를 한 기간 동안 이 화가는 MRI 스캐너로 몇 차례 촬영을 했고, 환각이 언제 시작되었다 끝나는지를 연구진에게 손짓으로 알렸다. 스캔 결과, 시각계의 활동이 환각과 정확히 연관되어 있음을 알 수 있었다. 나중에 이 화가는 몇 개의 환각을 그림으로 그려서 보여주었다. 그런데 상상력으로 그 환각을 되살려보라고 요청했을 때는 시각영역이 활성화되지 않았다. 시각 입력이 없는 상태에서는 진짜 시각경험을 가능케 해주는 뇌부위를 억지로 활성화시킬 수 없지만, 대신 환각은 그러한 시각경험을 제공해줄 수 있다는 사실을 알 수 있다.

환각제, 환각으로 가는
가장 빠른 방법

환각에 빠져드는 가장 신속한 방법은 환각성 약물을 복용하는 것이다. 올리버 색스는 이것을 '주문형 초월transcendence on demand'이라 표현했다. 약물의 유혹은 너무나도 강력해서 인간은 향정신성 성분을 함유한 100종 가까운 식물들과 공생관계를 발전시켜왔다. 단지 의식을 확장시키는 정도가 아니라 도취상태를 만들어주기 때문일 것이다. 인간이 식물을 필요로 하는 것만큼이나 식물도 인간을 필요로 한다. 하지만 이 식물들이 오로지 인간의 보살핌 덕분에 살아남은 것은 아니다. 어떤 식물들은 포식자의 접근을 저지하거나 열매를 먹어 씨를 퍼뜨려줄 동물들을 유인하기 위해 향정신성 물질을 진화시켰다. 그리고 우리 인간은 채취한 식물을 이용하는 수준을 넘어서 새로운 환각제를 합성하기에 이르렀다.

1890년대 서구인들은 페요테를 처음 만났다. 메스칼이라고도 알려진 이 식물은 향정신성 성분을 함유한 선인장의 일종으로 아메리칸 원주민들이 5,000년 넘게 종교의식이나 약용으로 사용해왔다고 한다. 그 효과를 묘사한 사람 중에 실라스 위어 미첼Silas Weir Mitchell이라는 유명한 미국인 의사가 있다. 언젠가 그는 알약을 하나 먹고 몇 집에 웡진을 갔다가 어느 어두운 방에서 눈을 감은 채 '황홀한 두 시간'을 경험했다고 한다. 강렬한 색깔과 빛이 다채롭게 보이고, 회색 돌이 엄청난 높이로 커지더니 화려한 고딕 성당이 되는가 하면, 큼직한 보석이나 알록달록한 과일들이 무더기로 쌓여 있었다는 것이다. 그는 '이제껏 내가 본 모든 색깔은 여기에 비하면 칙칙하기 짝이 없었다'고 말했다.

1902년 저서 《종교적 경험의 다양성》에서 윌리엄 제임스는 픽Peek 씨의 사례를 언급했다. 그는 서번트 증후군을 앓던 킴 픽의 원조 격인 인물로 메스칼 복용 후의 경험에 대해 다음과 같이 적었다.

> 내가 아침에 일을 하러 들판으로 나가면 신의 영광이 그의 모든 창조물 속에 나타나기 시작했다. 우리는 귀리를 수확하고 있었는데, 모든 귀리의 줄기와 이삭이 마치 일종의 무지개와 같은 찬란한 영광을 받아 정렬해 있는 듯했다. 내가 표현하기에, 그것은 신의 영광 속에 빛나고 있는 것 같았다.

메스칼도 그렇고 다른 환각제들도 시각에 관여하는 뇌부위에 작용하는 것 같다. 특히 색채 지각과 종교적 체험에 관련된 사례가 많다.

올리버 색스는 1960년대의 마약문화에 열광적으로 편승했던 사람이다. 리세르그산 디에틸아미드lysergic acid diethylamide, 즉 환각제 LSD를 찬양한 비틀스의 노래 'Lucy in the Sky with Diamonds(다이아몬드를 하고 하늘에 떠 있는 루시)'가 나오기도 한 시절이었다(노래 제목의 앞 글자를 따면 LSD가 된다 - 옮긴이). 시작은 대마초였다. 대마초는 그에게 '신경 이상과 신성함의 혼합'을 체험하게 했다. 그런 다음 벨라도나가 포함된 합성약물 아테인으로 갈아탔는데, 앞서 설명한 친구 짐과 캐시의 방문은 바로 이 약물 때문에 일어난 환각이었다. 오지 않은 손님을 위해 요리했던 햄과 달걀을 먹고 나자, 불시에 들이닥친 부모님의 헬리콥터 소리가 들렸다. 고막이 터질 것 같은 굉음과 함께 헬리콥터가 집 옆에 착륙하는 동안 그는 재빨리 샤워를 하고 옷을 갈아입었다. 그 다음 상황은 말하지 않아도 짐작할 수 있을 것이다. 헬리콥터도, 부모님도 없었고, 가엾은 색스는 혼자였다.

그는 나중에 암페타민과 LSD에 대마초를 조금 가미한 마약 혼합물을 개발했다. 특히 아이작 뉴턴에 의해 나중에 색상 스펙트럼에 포함되었다고 하는 남색indigo이 보고 싶었다고 한다. 그 혼합물을 복용한 후 색스는 흰 벽면을 향해 소리쳤다.

"남색을 보고 싶어, 지금!"

그러자 '커다란 배 모양의 순수한 남색 방울이 뚝 떨어지듯' 나타났다. 그는 그게 천국의 색깔이라고 생각했다. 환각상태인 사람이 이런 식으로 환각내용에 대해 통제력을 발휘하는 경우는 매우 드물다. 요구한 대로 결과가 나오다니! 하지만 계속적인 약물실험으로 천국은 지옥이 되었다. 환각의 내용은 기분 나쁘고 섬뜩하게 변했고, 수면장애가 찾아왔으며, 금단 증후군인 진전 섬망증이 생겼다. 색스는 결국 소아과 의사인 친구 캐롤 버넷의 도움으로 간신히 중독을 벗어났고, 저자이자 신경의학자로서 성공적인 경력을 쌓을 수 있었다.

환각은 실제로 의식의 확장에 놀랄 만큼 효과적이다. 꿈도 마찬가지다. 꿈은 야간의 주기적인 안구운동과 관련되어 있으므로 자연스러운 현상이라고 봐야겠으나 그 자체로는 감각 상실에 의해 만들어진 환각으로 볼 수 있다. 문화마다 환각제에 대한 집착이 있다. 마치 인간에게

는 정상적인 삶을 넘어서 정신의 한계를 탐색해보고자 하는 본연의 욕
구가 있다는 듯이 말이다. 종교를 부채질한 것은 환각이었을 것이다.
환각은 일상이 인간 존재의 전부가 아니며, 인생은 찰나에 지나지 않
는다는 사실을 일깨워준다. 셰익스피어 희곡의 맥베스가 이야기하듯
'지나간 날들은 어리석은 자들에게, 티끌 같은 죽음으로 돌아가는 길
을 비추어왔을 뿐'이다.

　약물로 인한 환각은 대부분 시각적이지만 영국 작가 에벌린 워Evelyn
Waugh가 자전적 소설 《핀폴드의 시련The Ordeal of Gilbert Pinfold》에서
소개하고 있는 내용을 보면 예외도 있는 것 같다. 워는 술고래였고 이
소설에서 그의 또 다른 자아인 길버트 핀폴드는 괴로운 일이 있을 때
마다 강한 수면효과가 있는 클로랄수화물과 브롬화물을 늘 마시는 알
코올에 집어넣는다. 그러다가 심신의 회복을 위해 인도로 크루즈 여행
을 떠나기로 마음먹는다. 수면제는 떨어졌지만 과음은 계속되었다. 그
때 환각이 시작된다. 오로지 환청만 귀에 들렸다. 대부분은 힐난의 목
소리였지만 음악소리, 개 짖는 소리, 죽일 듯 패는 소리, 배에서 나오는
유령 같은 소리도 들렸다. 점점 더 터무니없는 환각이 이어졌고, 그를
괴롭히는 무리들이 그의 생각을 읽고 널리 알릴 수 있는 기계를 가지
고 있다는 망상까지 따라붙는다. 하지만 그러는 가운데도 주변 세상과
배는 지극히 정상적으로 보였다.

　적어도 서구사회에서 알코올은 사람들이 가장 많이 선택하는 약물이
었다. 윌리엄 제임스는 '인류를 압도하는 술의 지배는 의심할 여지없
이 인간 본성의 신비적 기능을 자극하는 술의 힘 때문에 생겨난다. 그

신비적 기능이란 술에서 깨어나고 나면 다가오는 냉혹한 사실들과 인정 없는 비판에 의해 여지없이 현실에서 으깨어지는 것이지만 말이다'라고 말했다. 제임스는 물론 과도한 음주에 대해 이야기한 것이다. 달콤한 레드와인 한 잔은 아무 문제를 일으키지 않고 오히려 건강에 도움이 되기도 한다. 그러나 장기적인 과음은 신비주의를 뛰어넘어 알코올 중독에 의한 진전 섬망증으로 이어질 수 있다. 길버트 핀폴드의 이야기에서와 같이 통제되지 않는 손떨림과 환각이 진전 섬망증의 증상이다. 술을 끊어도 금단효과가 계속되고 오히려 더 심해지기도 한다.

환각과 꿈은 의식적 의지로는 접근하기 어려운 뇌의 이면을 엿볼 수 있게 해준다. 일상적인 정신의 시간여행은 실제 경험을 재생산할 수 없다. 마찬가지로 환각도 정확한 기억이나 미래의 계획을 그대로 담아내지 못한다. 어쩌면 꼭 그래야 할 이유가 있어서일 것이다. 깨어서 일을 하는 동안에는 어느 정도 상상력을 자제할 필요가 있다. 그렇지 않으면 현실의 제약을 훌쩍 벗어나 불멸을 꿈꾸거나 자신이 수퍼맨이라고 착각하다 비명횡사하고 말 테니까. 하지만 밤이 되거나 감각세계가 차단된 상태에서 뇌는 재충전의 기회를 갖고 스스로의 한계에 도전한다. 마라톤 선수나 등산가들이 자신의 신체적 한계를 넘어서려고 애쓰는 것과 같은 이치다. 꿈은 자연스러운 생활주기지만 약물은 일탈에 가깝다. 천국으로의 초대를 약속하며 유혹하지만 결국 만나게 되는 것은 지옥이다.

환각이 지각 시스템 자체를 활성화하여 우리가 환각을 실제처럼 보고 들을 수 있다는 점 또한 주목할 만하다. 우리는 지각이 외부에서 기인한다는 생각에 익숙해져 있다. 눈, 귀, 코, 피부 등 외부에서 신체의 감각기관에 끼치는 영향이 지각을 일으킨다고 생각하는 것이다. 그러나 환각과 꿈이 지각 시스템을 침범할 수 있는 범위를 살펴보면 지각은 근본적으로 체내에서 주도되며, 외부세계의 정보는 단순히 우리가 보고 듣고 냄새 맡는 것을 안내하는 역할만 하는지도 모른다. 이렇게까지 말하면 과장일 수도 있지만, 어쨌든 환각은 겉으로 보이는 것이 지각의 전부가 아님을 말해준다.

9장

멍때림과 딴생각이
창의성의 창을 연다

창의성은 그냥 사물을 연결시키는 능력입니다. 창의적인 사람들에게 어떻게 그런 걸 했느냐고 물어본다면 약간 머쓱해할 것입니다. 딱히 뭘 한 게 아니라 그냥 눈에 보였을 뿐이니까요. 한참 들여다보니 이거다 싶은 확신이 들었던 겁니다. 그것은 지금까지의 경험을 연결해서 새로운 것을 합성해낼 수 있는 능력이 그들에게 있었기 때문입니다.

– 스티브 잡스

뇌는 절대 쉬는 법이 없고, 정신은 한시도 가만히 있지 않는다. 인생의 적어도 절반 동안 우리의 정신은 일상의 할 일에서 벗어나 방랑을 한다. 숙제, 세금신고, 회의, 요리 중 딴생각을 하는 건 다반사고, 심지어 운전 중에도 멍때리기는 계속된다. 깨어 있는 시간 동안 정신의 방랑은 불쑥불쑥 시작되지만 방랑의 방향에 대해서는 어느 정도 제어가 가능하다. 과거의 어떤 사건에 대해 생각에 잠기거나 미래의 일을 계획하거나 십자말풀이의 답을 곰곰이 궁리하거나 아이들이 지금쯤 무엇을 하는지 혹은 어떤 생각을 하고 있는지 궁금해하면서 방랑을 하는 것이다. 우리가 자고 있는 동안 정신은 꿈이라는 형태로 방랑한다. 꿈의 주기는 예측이 가능하지만 내용은 예측이 불가능하다. 우리는 꿈의 내용에 대해 실질적으로 아무런 통제력이 없다. 꿈속에서 정신작용으로 어느 정도 영향력을 발휘할 수도 있겠지만 꿈에서 의도한 일은 뜻대로 되지 않는 게 보통이다. 환각 또한 꿈과 비슷하다. 꿈처럼 환각의 내용에 대해서도 우리가 어떻게 해볼 도리가 없다. 하지만 환각이 드러나는 시점에 대해서는 향정신성 약물을 복용하거나 감각을 격리시키는 방법으로 어느 정도 영향력을 발휘할 수 있다.

정신적 방랑의 대부분은 이야기로 표현된다. 사실 인간 정신에 무언가 특별한 점이 있다면 복잡한 내러티브를 구성하고 언어를 통해 그것을 다른 사람들과 공유하는 능력이다. 이러한 내러티브는 과거에 일어난 사건의 회상일 수도 있고 미래를 위한 계획일 수도 있지만, 가상의 장소에서 가상의 사람들이 가상의 행동을 하는, 지어낸 이야기일 수도 있다. 산업화 이전의 문화를 형성한 위대한 구비전설도, 호메로스의 서사시, 성경, 셰익스피어의 희곡, 제인 오스틴이나 오노레 드 발자크의 소설, 현대의 탐정 이야기, 텔레비전 화면에 끝없이 이어지고 있는 드라마도 전부 다 그러한 과정을 통해 생겨났다. 정신의 방랑을 하는 주체는 말이나 글로 이야기를 전하는 사람이고, 청중이나 독자는 실질적으로 가이드가 딸린 여행을 하는 셈이다. 그러나 그 가이드 투어 자체도 현재와 동떨어진 시간과 장소로 떠나는 정신의 방랑이다.

사람들은 멍때리기를 폄하한다. 방랑하는 정신은 행복하지 못한 마음 상태이며, 자칫 비명횡사의 원인이 될 수도 있다고들 경고한다. 이러한 시각은 마음챙김이나 다른 명상법들이 인기를 끌면서 더욱 힘을 얻고 있다. 생각을 한곳에 집중시켜 흔들림 없는 상태로 묶어두기 위한 수련들 말이다. 그러나 정신의 방랑과 마음챙김 사이의 구분이 절대적인 것은 아니다. 마음챙김 혹은 명상법 중 발에서 시작해 천천히 상체로 생각을 옮겨가면서 몸에 주의를 집중시키는 방법이 있다. 이것은 사실 부자연스러운 방랑이다. 정원을 산책하거나 해변을 거니는 수준에도 미치지 못한다. 마음챙김은 방랑하는 마음을 쉬게 하면서 활력을 충전하는 수단이 될 수는 있다. 그러나 정신은 분명 또 다시 방랑하게 되어 있다.

자연은 정해진 일과에 묶여 로봇처럼 살아가도록 인간을 만들지 않았다. 우리의 뇌는 지금 여기, 당장 해야 할 일에서 벗어나 놀이를 즐기도록 여분의 자원을 부여받았다. 놀이는 복잡한 세계 속에서 삶에 대비할 수 있도록 우리를 준비시켜주는 그 적응적 속성 때문에 발전해왔다. 그러나 놀이 자체가 복잡성을 높이는 측면도 있다. 놀이로 만들어진 피드백 시스템이 한층 더 창의적인 놀이에 대한 욕구를 높이기 때문이다. 어쩌면 인간에게 정신의 방랑을 하고 이야기를 들려주는 특별한 성향이 생긴 것은 이 순환루프 때문인지도 모른다. 복잡한 세계에서 살아남으려면 정신이 방랑하도록 놔둬야만 하며, 이것이야말로 놀이, 발명, 창의성의 원천이다.

창의성의 근원은
우뇌일까?

무언가를 자라게 하는 대지에 난 빚을 졌지.

만물을 먹여 살리는 생명에게는 더 많은 빚을.

하지만 가장 큰 빚은

양쪽 머리를 주신 알라에게 졌다네.

차라리 셔츠도 신발도 없이 살아가리.

친구도 담배도 빵도 없이 살아가리.

내 머리의 어느 한쪽을

잠깐이라도 잃어버리기보다는.

-러디어드 키플링, 〈이중 인간The Two-sided Man〉

　창의성의 본질은 무엇일까? 우선 창의성이 뇌의 한쪽 편, 즉 우뇌에서 나온다는 착각은 떨쳐버리도록 하자. 구글에서 'right brain'을 입력해보면 약 6억 6,000만 개의 검색결과가 나온다. 더 우세한 쪽이라 여겨지는 좌뇌 'left brain'을 입력해보면 그 절반에도 못 미치는 대략 2억 7,000만 개의 검색결과가 나온다. 주인인 우뇌에 수도권을 놀려주어야 한다는 맥길크리스트의 탄원이 제대로 먹히고 있는지도 모른다. 게다가 'right brain creativity'라고 입력하면 약 1,450만 개의 검색결과가 나온다. 우뇌는 은근슬쩍 사전에도 올랐다. 예를 들어 아메리칸 헤리

티지 영어사전의 제4판(2000년)에는 '우뇌형'이라는 항목으로 다음과 같이 실려 있다.

> **right-brained** 1. 우뇌의 기능이 우세한 2. 창작과 상상에 관여하는 사고과정의, 일반적으로 우뇌와 관련해 3. 논리와 분석보다는 감정, 창의력, 직관, 비언어적 커뮤니케이션, 포괄적인 추론에 의해 행동이 지배되는 사람의

신들이 우뇌를 통해 인간에게 이야기했다는 줄리언 제인스의 주장도 잊지 말기를 바란다.

1860년대와 1870년대 이후 좌뇌가 말을 하고 언어를 이해하는 데 지배적인 역할을 한다는 사실이 발견되었고, 1901년에 발표된 키플링의 시는 한층 높아진 양쪽 뇌에 대한 관심을 고스란히 반영한다. 이러한 발견은 우뇌의 역할이 무엇인가에 대한 추측으로 이어졌고, 어떤 사람들은 우뇌가 좌뇌에 종속된 게 아니라 양쪽 뇌의 기능 차이가 상호보완적이라고 인식하기 시작했다. 좌뇌는 인간다움과 문명의 보관소로, 우뇌는 인간 본성의 원시적이고 동물적인 측면을 담고 있는 창고로 여겨졌다. 이중인격에도 많은 관심이 집중되었다. 1886년에 발표된 로버트 루이스 스티븐슨의 소설 《지킬 박사와 하이드 씨Strange Case of Dr Jekyll and Mr Hyde》는 이를 잘 포착하고 있다. 지킬 박사는 박식하고 교양 있는 좌뇌를 상징하고, 하이드 씨는 거칠고 열정적인 우뇌를 표현한다. 둘은 균형을 유지해야 한다. 그 균형이 깨져, 특히 우뇌가 우위를

점할 경우 광기가 유발될 수 있기 때문이다. 창의성은 암암리에 광기 및 우뇌와 결부되었다.

뇌의 두 반구에 대한 이러한 집착은 1920년경 대부분 사라졌다가 1960년대와 1970년대에 다시 부활했다.[1] 캘리포니아공과대학의 로저 스페리Roger Sperry 교수와 공동연구자들의 분리 뇌 연구에 따른 영향이었다. 당시 난치성 간질을 앓는 많은 환자들이 양쪽 뇌를 외과적으로 분리하는 수술을 받았다. 대뇌피질을 연결하는 신경섬유 다발인 뇌량을 자르는 수술이었다. 언어, 기억, 지각, 상상력과 같은 고차원적인 정신기능에 관한 한 마치 두 개의 정신이 하나의 두개골 안에 모여 있기라도 한 것처럼, 이런 환자들의 양쪽 뇌는 실질적으로 분리되었다. 본래 수술 목적은 한쪽 뇌의 발작성 방전이 다른 쪽 뇌로 전파되지 않도록 방지하는 것이었지만 결과는 예상보다 더 성공적이어서 많은 경우 환자들은 전혀 발작 없이 살아가거나 발작의 강도가 통제할 수 있는 수준으로 낮아졌다. 그렇지만 분리 뇌는 철학적, 심리학적 의문점을 제기했다. 뇌를 분리시키면 정신도 분리되는가? 뇌의 두 반구는 정신기능 면에서 어떠한 차이가 있을까?

로저 스페리와 마이클 가자니가Michael Gazzaniga는 답을 찾아보기로 했다. 그리고는 뇌의 각 반구가 반대쪽과 무관하게 수행할 수 있는 정신적 역량이 무엇인지 알아낼 방법을 고안해냈다. 스페리는 이 업적으로 1981년 뒤늦게 노벨 생리의학상을 수상했다. 1907년에 키플링이

---

1   2060년과 2070년경에 다시 한 번 부활할 것임을 자신 있게 예측할 수 있다.

노벨 문학상을 받은 일을 떠올리게 하는 사건이다. 스페리와 가자니가는 1860년대부터 널리 알려져 있던 통설대로 좌뇌의 기능이 언어에 특화되어 있음을 입증했다. 두 사람의 연구는 또한 우뇌가 공간과 정서 처리 기능 면에서 우세함을 증명했다. 이 연구를 계기로 좌뇌가 논리와 이성을 담당하고 우뇌가 직관, 감정, 창의성을 관장하여 양쪽 뇌가 상호보완적으로 작용한다는 견해가 되살아났다.

앞 장에서 이야기한 바와 같이 뇌의 이원성은 과장되어왔으며, 우리 삶을 구성하는 양극성을 설명하기 위한 수단으로 너무나 자주 이용되곤 한다. 1960년대에 사회적, 정치적 분열을 가져온 세력들이 이러한 구분을 어느 정도 주도한 측면이 있다. 좌뇌는 우월한 서구의 군사-산업적 기반을 상징했고, 우뇌는 평화를 사랑해야 마땅한 동양의 나라들을 의미했다. 1960년대와 1970년대의 여성해방운동 또한 남성 지배에 대한 저항의 근거로서 우뇌의 우수성을 내세웠다. 이 이원성의 역사는 좌뇌에 남성적인 측면이, 우뇌에 여성적인 측면이 있다고 보았던 19세기 후반으로 거슬러올라간다. 양뇌이론은 1972년 로버트 온스타인Robert Ornstein의 베스트셀러 《의식의 심리학The Psychology of Consciousness》이 출간되면서 대중의 인식 속에 깊숙이 자리잡았다.

우뇌가 창의성의 엔진이라는 개념은 이러한 이원성에서 비롯되었다. 이 개념은 다시, 신들이 우뇌를 통해 인간에게 말을 한다는 줄리언 제인스의 생각이나 우뇌가 주인이고 좌뇌는 심부름꾼이라는 맥길크리스트의 시각을 탄생시킨 부분적 원인으로 작용했다. 1979년 베티 에드워즈Betty Edwards라는 미술 교사는 《오른쪽 두뇌로 그림 그리기Drawing on the Right of Side the Brain》라는 책을 썼다. 우뇌의 공간지각력과 창의력을 활용해 그림 그리는 법을 가르치고자 한 책이다.[2] 이 책은 온스타인의 책보다 더 많이 팔렸고 현재까지도 베스트셀러의 지위를 고수하고 있다. 유명한 천문학자이자 과학 해설자 칼 세이건은 1977년 책《에덴의 용The Dragons of Eden》에서 우반구를 창의적이지만 편집증적인 과학적 아이디어의 선동자로 그린다. 우반구가 존재하지도 않는 패턴과 음모를 곧잘 짜맞추어내는 탓이다. 그리고 이성적인 좌반구의 역할은 이러한 아이디어를 엄밀히 조사하는 것으로 제시된다.

우뇌는 기업경영에도 슬며시 자리를 비집고 들어왔다. 1976년 맥길대학 경영학부의 한 교수는 경영전문지《하버드 비즈니스 리뷰Harvard Business Review》에 다음과 같이 기고했다.

> 조직경영이라는 중대한 정책절차는 뇌의 오른쪽 반구와 결부되는 역량에 상당히 많이 의존한다. 능력 있는 관리자들은 모호성, 즉 질서 없이 복잡하고 신비스러운 시스템을 즐기는 듯하다.

이 글은 꾸준히 영향력을 발휘해온 게 틀림없다. 오늘날 구글에서 'right-brain business'를 찾아보면 무려 3억 5,000만 개 항목이 검색된다.

좀더 비판적인 입장의 분석에 따르면 전부 옳은 이야기는 아닐 수도

---

2 나는 에드워즈의 지도법을 폄하하려는 게 아니다. 분명 많은 사람들이 효과를 보기도 했으니까. 다만 우뇌에 대한 언급은 불필요해 보인다.

복잡한 세계에서 살아남으려면
정신이 **방랑**하도록 놔둬야만 하며,
이것이야말로 놀이, 발명, 창의성의 원천이다.

있다. 최근의 한 연구에서는 미술과 디자인을 공부하는 학생들에게 책 표지에 들어갈 삽화를 그려보라고 부탁한 다음, MRI 스캐너로 뇌 활동을 모니터했다. 이 학생들은 예술적 성향이 있고 창작과제에 열중해 있었는데도 오른쪽 뇌에 의지하고 있다는 증거는 나타나지 않았다. 오히려 실행능력을 관할하는 전두엽과 정신적 방랑의 근간이 되는 디폴트 모드 네트워크가 활성화되었고, 좌뇌나 우뇌 어느 한쪽의 편향성은 나타나지 않았다.

렉스 융Rex Jung 박사와 동료들은 창의적 인지능력의 측정과 관계된 뇌영상을 바탕으로 좀더 방대하게 증거를 검토한 결과 '대략적인 윤곽'으로 판단할 때, 창의성은 정신적 방랑의 기제, 곧 디폴트 모드 네트워크에 의존한다고 결론지었다. 창의성의 원천이 우뇌에 쏠려 있는 것보다 뇌 안에 널리 퍼져 있는 네트워크상에 자리해 있다는 게 더 그럴 듯하게 들리는 것도 사실이다. 뇌 안에서조차 더 많이 방랑할수록 새로운 무언가를 찾을 가능성이 높아진다. 스티브 잡스의 말대로 새로운 연결을 발견하는 것이다. 창의성의 아버지라 불리는 에드워드 드 보노 Edward de Bono는 때때로 청중들에게 '틀에서 벗어나 사고하라'고 독려한다. 그는 우뇌이론을 지지하지 않지만 다음과 같이 재미있는 의견을 덧붙였다.

"우리는 우뇌가 창의성을 대변한다고 믿고 있지만 실은 그렇지 않다. 우뇌는 천진함을 대변하는데, 그 천진함이 창의성, 특히 예술적 표현에 있어 중요한 역할을 할 수도 있다."

우뇌가 예술적 창의성에, 좌뇌가 언어적 창의성에 더 깊이 관여한다는 생각에는 분명 일말의 진실이 깃들어 있겠으나, 우리는 뇌의 이원성에 대한 집착을 버리고 뇌 전체에 기회를 주어야 한다.

창의성이 광범위 네트워크에 달려 있다면 창의적이지 않은 사람보다 창의력이 풍부한 사람의 뇌에 긴 연결망이 더 많이 나타나리라 예측할 수도 있겠다. 그러한 연결망은 뇌의 백질을 구성하는데, 한 연구에서 확산적 사고는 좌뇌든 우뇌든 백질의 양과 무관함이 입증되었다. 하지만 조금 의아하게도 창의적인 사람일수록 뇌량의 크기가 더 작은 경향을 보였다. 이 연구의 저자들은 작은 뇌량 덕분에 양쪽 뇌의 독립성이 더 커짐을 시사했다. 어쩌면 창의성은 틀에서 벗어나 사고하느냐가 아니라 사고의 틀이 하나냐 둘이냐에 달려 있을 수도 있다. 어쩌면 키플링이 옳았을지도 모른다.

세상을 만드는 우연의 연속

저명한 심리학자이자 인식론 학자 도널드 T. 캠벨Donald T. Campbell은 언젠가 창의력의 본질을 맹목적 다양성과 선택적 기억이라고 설명했다. '맹목적 다양성'은 어딘가를 배회하는 방랑이든 마음의 방랑이든, 정해진 길을 벗어나 미지의 영역으로 들어간다는 방랑의 개념 속에 잘 포착되어 있다. 거기서 무엇을 발견하느냐는 운에 달려 있다. 방랑의 우연성은 창의력의 불꽃이 된다. 물론 뭔가 새롭고 중요한 것을 우연히 만났을 때 그 가치를 알아볼 수 있는 능력도 필요하다. 캠벨은 이것을 '선택적 기억'이라고 불렀다.

실제로 우연성은 미약한 우리의 마음뿐 아니라 우주 전체에 스며 있다. 물리학의 불확정성 원리에 따르면 아원자 입자들조차도 자기 위치를 정확히 알지 못한다. 좀더 정확히 말하자면 입자의 위치와 운동량을 정확히 규정할 수 없다. 한 입자의 정보를 자세히 알면 다른 한 입자의 정보를 더 모르게 되는 식이다. 그러므로 입자는 확률분포에 따라서만 위치할 수 있다. 마치 비좁은 틈을 떠다니며 자기 공간을 확보하려고 다투고 있는 상태라고나 할까. 앨버트 아인슈타인은 물리학자 막스 보른에게 '신은 우주와 주사위 놀이를 하지 않는다'는 유명한 말을 남겼지만 (신이 확률분포를 뚫고 실제로 존재한다면) 신이 하고 있는 게 바로 주사위 놀이일지도 모른다.

또 우리는 다음 순간 날씨가 어떻게 바뀔지 정확히 알지 못한다. 각 빗방울이 어디에 떨어질지 혹은 다음 지진이 언제 어디서 발생할지 알 수 없다. 뉴질랜드에서는 2010년과 2011년 크라이스트처치에 엄청난 규모의 지진이 일어났는데, 지진학자들의 부단한 연구에도 전혀 예측하지 못했던 기습적인 재해였다. 지구상에 운좋게 생명이 등장했다는 사실 또한 우연이었다. 적절한 배합의 원생액에 벼락이 쳐서 최초의 생명이 시작되었을 것이다. 일단 생명이 시작된 후에는 오늘날 우리가 사는 모습의 지구가 만들어지기까지 우연성이 주된 역할을 했다. 게놈에 일어난 우연한 변화가 생존가survival value(생체의 특질이 생존과 번식에 기여하는 유용성을 말한다 - 옮긴이)를 높여줌으로써 진화가 진행되었을 것이고, 인간 역시 무수히 많은 우연한 사건들이 오랜 세월 선별적으로 쌓여서 만들어진 결과물이다. 학습도 우연한 행동에 의존한다. 행동학자들조차 행동이 내부에서 먼저 '유발'되어야만 그 행동을 강화해 동물에게 각인시킬 수 있다는 점을 알고 있었다. 먹이 보상을 받으려고 열심히 단추를 쪼아대는 비둘기는 처음에 우연이라도 그 단추를 눌러봤어야만 그러한 행동에 따르는 혜택을 발견하게 되었을 것이다.

움직이는 동물들은 곧잘 공간을 배회하곤 한다. 때로는 분명한 목적을 가지고 이동할 때도 있다. 물이 있는 곳을 향해 자주 다니던 경로를 택하는 소떼나 교통정체가 심한 도로를 따라 출근하는 사람들의 경우가 그렇다. 그러나 때로는 새로운 영역을 탐색하며 목적 없이 배회한다. 어쩌면 다음 굽이진 곳을 지나면 무엇이 있을까 궁금해하면서 이리저리 방랑하는 것일 수도 있다. 이 또한 점진적인 변화로 이어질 수 있다. 새들의 이동은 떠돌았던 새들이 그냥 한곳에 머문 새들보다 더 나은 조건을 찾고 더 많은 자손을 번식시켰기 때문에 시작되었을 수 있다. 예를 들어 열대지방의 새들은 북쪽으로 이동하면 더 긴 일조시간을 누릴 수 있고, 결과적으로 새끼들도 더 많이 기를 수 있다는 사실을 발견했을 것이다. 그러다 북반구에 겨울이 오면 날이 짧아지기 전에 고향으로 돌아갔을 것이다. 그런 패턴이 결국 유전자 조합에 새겨졌다. 우리 인간 역시 방랑생활을 하며 왕성하게 자손을 만들었다. 대략 7만 년 전 아프리카에서 사방으로 흩어져 지금은 전 지구를 뒤덮고 있으니까. 겨울 추위를 피해 플로리다로 몰려가는 캐나다인들과 호주 골드코스트를 찾는 뉴질랜드인들을 제외하면 인간의 방랑은 대부분 탐험적 성격이 강하다. 더 커보이는 '남의 떡'을 따라 방랑하다 새로운 땅, 새로운 기후, 새로운 생존방식을 발견하는 것이다.

물리적 방랑이든 정신적 방랑이든, 인간은 이러한 방랑을 통해 우연성을 허용하고 새로움을 발견한다. 시인 윌리엄 워즈워스는 잉글랜드 북동쪽의 레이크 디스트릭트 호숫가를 방랑하면서 시적 영감을 얻었다.

골짜기와 고개 위를 높이 떠가는
구름처럼 외로이 방황하다가
갑자기 수많은 꽃을 보았네.
지천으로 편 황금빛 수선화
호숫가 나무 밑에서
미풍에 흔들리며 춤추는 것을.

그의 방황이 물리적인 방황이자 정신적인 방황이었으리라는 데는 의심의 여지가 없다. 그 방황이 우연찮은 경험에 시적인 목소리를 부여해준 것이다.

지금까지 이 책에서는 정신의 시간여행, 상상력을 통해 타인의 마음속으로 들어가기, 이야기를 만들어내고 다른사람과 공유하기, 꿈이나 환각 등 우리가 멍때리거나 딴생각하는, 즉 정신적으로 방랑하는 몇 가지 방식에 대해 다루었다. 이 방법들은 모두 우연적인 요소가 있어서 예상치 못했거나 깨우침을 선사해주는 정신적 영역으로 우리를 데려간다. 우리의 정신적 방랑은 우리의 미래나 다른 인간들의 미래에 아무런 영향을 주지 않는 영역에서 이루어지는 게 대부분이다. 하지만 간간이 노다지를 만날 때가 있다.

꿈은 통제되지 않는 정신적 방랑의 한 형태로서, 기억하기만 한다면 창의적인 아이디어로 이어질 수 있다. 오토 뢰비는 신경 충격의 화학적 전달 메커니즘을 발견해 1936년에 노벨 생리의학상을 수상했는데, 자신의 이론을 증명할 방법을 꿈에서 알아냈다고 한다. 로버트 루이스 스티븐슨도 《지킬 박사와 하이드 씨》의 줄거리를 꿈에서 발전시켰다. 독일의 화학자 아우구스트 케쿨레는 꿈에서 뱀 한 마리가 제 꼬리를 물려고 빙글빙글 도는 모습을 보고서는 벤젠 분자의 고리 모양을 떠올렸다. 물론 어떤 사람들은 케쿨레의 이야기에 의구심을 갖기도 했다. 그리고 프로골퍼 잭 니컬러스는 꿈을 꾸고 나서 골프 스윙 자세를 교정했다.

하지만 꿈에 지나치게 의존해서는 안 된다. 윌리엄 제임스는 꿈에서 인생의 비밀을 발견했다고 생각한 에이머스 핀초트Amos Pinchot 여사의 이야기를 전했다. 그녀는 반쯤 깬 상태에서 재빨리 꿈의 내용을 종이에 적었다. 완전히 잠에서 깬 뒤 적은 내용을 보았더니 다음과 같았다.

호가무스, 히가무스
남성은 폴리가무스
히가무스, 호가무스
여성은 모노가무스

(남자는 일부다처제를 좋아하고 여자는 일부일처제를 좋아한다는 뜻이다–옮긴이)

당장은 그렇게 보일 수도 있지만 꿈이 늘 계시적인 것은 아니다. 게

자연은 우리가 꿈꾸도록
정해진 **경로**를 벗어나도록
우리 몸을 설계해 놓았다.

다가 우리는 꿈을 거의 다 잊어버린다.

향정신성 약물은 좀더 강력한 영감의 원천이 될 수 있다. 우리가 깨어 있을 때 발현되고 더 지속적인 인상을 남기기 때문이다. 환각은 꿈처럼 우리의 통제를 벗어나 있고 강력한 우연성을 제공해주지만, 전혀 앞뒤가 맞지 않아서 생산적인 창의성으로 이어지기는 힘들 때가 많다. 그럼에도 많은 예술가와 작가들은 약물의 힘에 의존해왔다. 영감과 깨달음을 찾겠다는 명백한 목표에서였다. 19세기 초반 영국의 낭만주의 시인들은 18세기에 영국으로 수입되기 시작한 아편을 통해 시상을 떠올렸다. 워즈워스도 아편을 사용해본 적이 있고, 그래서 수선화가 더 황금빛으로 빛나 보였는지도 모를 일이다. 그의 친구 콜리지는 시적 영감을 위해 훨씬 더 많이 아편에 의존했다. 그는 류머티즘 증상의 완화를 위해 아편을 사용하기 시작했다가 아편이 육체와 영혼의 조화를 가져온다고 믿게 되었다. 콜리지의 중독이 심해지면서 두 친구는 사이가 틀어졌다. 콜리지의 대표작인 두 서사시 《노수부의 노래》와 《쿠블라 칸 Kubla Khan》은 아편이 만든 환영 속에서 탄생한 작품으로 알려져 있다.

토머스 드 퀸시도 치통을 완화시킨다는 대수롭지 않은 이유로 아편을 복용하기 시작했지만 곧 시공을 초월하는 듯한 마력에 빠지게 되었다. 1821년 작품 《어느 영국인 아편 중독자의 고백Confessions of an English Opium-Eater》에서 '이제는 행복을 1페니로 살 수 있다'고 표현했다. 아편과 알코올의 혼합물인 아편 틴크를 길거리 노점상에서 값싸게 구할 수 있기에 행복한 시절이라는 것이다. 하지만 나중에는 인플레이션과 약물산업의 위법적 속성 때문에 가격이 상승했다. 드 퀸시는 아편으로 유도된 꿈과 의식변성 상태를 작품에서 묘사해 에드거 앨런 포, 샤를 보들레르, 니콜라이 고골 등 이후 등장한 작가들에게 영향을 주었지만, 중독 때문에 겪은 극심한 고통에 대해서도 이야기했다.

엘리자베스 배럿 브라우닝, 윌키 콜린스, 찰스 디킨스, 아서 코난 도일, 존 키츠, 에드거 앨런 포, 월터 스콧 경, 퍼시 비시 셸리, 로버트 루이스 스티븐슨 등 19세기의 수많은 작가들이 영감을 찾아 아편을 복용했다. 아편이 없었다면 과연 19세기의 문학이 성립할 수 있었을까 의문이 들 지경이다. 작가들만이 아니었다. 미국의 박식가이자 발명가, 과학자인 벤저민 프랭클린도 해쉬쉬와 아편을 모두 사용했다. 20세기 들어서는 빌리 홀리데이, 장 콕토, 조 매카시 상원의원 등이 아편을 복용했다. 파블로 피카소는 '아편 향은 세상에서 가장 시시하지 않은 냄새'라고 말했다.

대마초와 그 파생제품들은 좀더 오랜 역사를 지니고 있으며, 계시적인 힘 못지않게 오락적 즐거움을 위해 사용되었다. 대마초는 이집트에서 승리를 거둔 나폴레옹 군대가 발견한 후 해쉬쉬(대마의 수지로 만든 마약이다 - 옮긴이)의 형태로 유럽에 들어왔다고 알려져 있다. 조지 워싱턴은 대마초를 재배했고, 토머스 제퍼슨도 마찬가지였다. 마리화나라고도 알려진 대마초는 토머스 제퍼슨, 앨 고어, 빌 클린턴, 뉴트 깅리치, 미국 대법관 클래런스 토머스 등 미국의 정치인들에게 기분 전환의 원천이 되어온 모양이다. 살바도르 달리는 '모두가 해쉬쉬를 먹어야 한다. 하지만 단 한 번이면 된다'고 말했고, '나는 약을 쓰지 않는다. 내가 곧 약이다'라고도 말했다.

나중에 등장한 LSD는 1938년에 처음 합성되었는데, 강력한 환각과 사고왜곡 효과를 유발하는 것으로 밝혀졌다. 저항문화의 기수였던 티머시 리어리Timothy Leary 하버드대학 교수의 노력으로 LSD는 사이키델릭한 1960년대에 가장 많이 선택받는 약물이 되었다. 자서전《플래시백Flashbacks》에서 리어리는 LSD 여행을 떠난 교수, 학생, 대학원생, 작가, 전문직 종사자들의 75퍼센트가 이를 자기 인생에서 가장 교육적이고 계시적인 경험으로 여겼다고 주장했다. 영국의 소설가이자 수필가인 올더스 헉슬리 또한 약물로 겪은 계몽효과를 칭송하는 글을 썼다. 그는 처음에 메스칼, 그 다음에 LSD를 복용했고, 임종할 때는 100마이크로그램의 LSD 주사를 맞은 일화로 유명하다. 그는 약물로 인한 경험을 1954년 에세이집에 담았는데,《인식의 문The Doors of Perception》이라는 그 제목은 1790년에서 1793년 사이에 집필된 윌리엄 블레이크의 책《천국과 지옥의 결혼The Marriage of Heaven and Hell》에 등장하는 한 구절이다. 블레이크의 글과 작품 또한 약물로 인한 계시의 여러 가지 특징을 담고 있었지만 그가 실제로 '약을 했다'는 증거는 없다. 약을 했다는 건 '마약을 복용한다'는 1960년대식 표현이다. LSD는 또한 비틀즈, 지미 헨드릭스, 짐 모리슨, 마더스 오브 인벤션, 롤링 스톤즈 같은 음악가들뿐 아니라 피터 폰다, 캐리 그랜트, 잭 니컬슨 같은 배우들에게도 영감을 주었다. 애플의 공동 창립자 스티브 잡스는 마리화나와 LSD를 모두 사용했다. 사실 실리콘밸리는 문화 전반에 LSD가 넘쳐나던 시기와 맞물려 캘리포니아에 등장했으므로 LSD가 컴퓨터산업 탄생에 일조했을 가능성이 있다.

그리고 언제나 알코올이 있었다. 알코올은 가장 폭넓게 허가받은 향정신성 마약이지만, 여러 가지 면에서 가장 위험하다. 윈스턴 처칠과 프랭클린 D. 루스벨트가 선택한 약물이었고, 트루먼 커포티, 존 치버, 어니스트 헤밍웨이, 윌리엄 포크너, 제임스 조이스, 잭 케루악, 도로시 파커, 딜런 토머스 등 여러 재능 있는 작가들의 창의성에 불을 지폈다. 실비아 플라스는 소설 《벨 자The Bell Jar》에서 이렇게 썼다.[3]

"마침내 보드카가 내게 맞는 술이라는 생각이 들기 시작했다. 아무 맛도 나지 않으면서, 뱃속으로 넘어가는 느낌은 차력사가 칼을 삼킨 것 같았다. 기운이 나고 신이 된 기분이었다."

오그던 내시는 더욱 간명하게 표현했다.

"캔디는 달지. 하지만 술이 더 빠르지."

장담컨대 사람들은 영감을 찾기 위해서만이 아니라 단순히 초월적 경험을 위해서라도 약물을 계속 사용할 것이다. 많은 예술가와 유명인들의 사례에서 보았듯이 약물은 확실히 우리 사고에 우연성을 더해주고, 그런 면에서 창의성으로 이어질 수 있다.

하지만 물론 심각한 단점들이 있다. 하나는 유발된 우연성에 아무 의미가 없을 수 있다는 점이다. 너무 많은 것이 뒤죽박죽 뒤섞여 의미 있는 통찰이나 미적 가치를 이끌어낼 수 없다. 또 하나는 당장은 계시를 받은 것처럼 느꼈지만 냉정한 정신으로 돌아보면 환상에 불과한 경우다. 더욱 심각한 건 강력한 약물들 대부분이 중독성이 있고, 애초에 그

---

3   원래는 '빅토리아 루카스Victoria Lucas'라는 필명으로 출간되었다.

러한 약물이 어떠한 영감의 기쁨을 가져다주든 그 손아귀를 벗어나는 과정의 크나큰 고통을 벌충할 수 없다는 사실이다. 게다가 분명히 밝혀두지만 대부분의 향정신성 약물은 불법이다.

　지루한 강연에 참석하거나 회의 중이거나 또는 든든히 식사를 마친 후 교향곡을 듣거나 비행기 안에서 잠을 청하려고 애써봤던 경험에서 누구나 알고 있듯이 정신은 약물 없이도 꽤 자유롭게 방랑할 수 있다. 또한 목적 없는 배회도 뭔가 다른 것을 생각하고 있는 동안 아이디어가 발전되는, 이른바 '부화incubation'과정을 통해서 간접적으로 창의성을 자극할 수 있다. 이는 이미 실험을 통해 입증된 바 있다.

　피험자들에게 친숙한 물건들의 특이한 용도를 떠올려보라는 과제를 주었다. 창의성 측정에 흔히 활용되는 과제다. 잠깐 동안 이 과제를 수행한 후 피험자들에게 휴식시간을 주었다. 쉬는 동안 몇 사람은 기억력을 요하는 과제를 수행했고, 다른 몇 사람은 별로 힘들지 않은 과제를 수행했으며, 또 몇 사람은 아무것도 하지 않고 가만히 앉아 있었다. 창의성 과제가 다시 시작되었을 때 별로 힘들지 않은 과제를 수행한 사람들이 가장 뛰어난 성과를 보였다. 이는 아마 그들이 딴생각을 했기 때문일 것이다. 또 다른 연구를 통해 입증된 바에 따르면 별로 힘들지 않은 과제를 수행할 때 멍때림이나 딴생각이 유발될 가능성이 가장 높고, 그 확률은 아무것도 하지 않을 때보다도 더 높았다. 그러니 아이디어를 찾고 통찰을 얻고 싶다면 잠시 휴식시간을 갖고 설거지나 가벼운 TV 프로그램 시청과 같이 별로 힘들지 않은 일을 하는 것이 좋겠다. 아니면 뜨개질도 괜찮다. 애거사 크리스티의 마플 여사가 강박적으로 뜨개질을 하면서도 살인사건을 해결할 수 있었던 이유가 여기에 있다. 애거사 크리스티 본인도 뜨개질감을 달고 살았던 사람이고, 애초에 살인 추리물을 창작할 수 있었던 것도 그래서일지 모른다.

이름이 밝혀지지 않은 어느 물리학자는 독일 심리학자 볼프강 쾰러에게 이렇게 말했다고 한다.

"흔히들 3B에 대해 이야기하죠. 과학계의 훌륭한 발견들은 버스Bus, 욕조Bath, 침대Bed 세 장소에서 이루어진다고요."[4]

그 물리학자는 아마도 버스에 올라타는 순간 수학적 영감이 떠올랐던 푸앵카레나 욕조에 몸을 담글 때 넘치는 물을 보고 "유레카!"를 외친 아르키메데스 이야기를 한 것이었을 터다. 침대의 경우 꿈이 때때로 창의적인 순간으로 이어질 수 있지만, 잠을 이루지 못하고 정신이 방랑할 때 영감을 얻을 가능성이 더 높다. 퍼뜩 스치는 통찰을 낚아챌 수 있을 만큼 의식이 있는 상태이기 때문이다. 어쩌면 회의실Boardroom을 네 번째 B로 추가해도 되겠다. 회의실은 창의적인 딴생각과 '부화'에 거의 완벽한 환경을 제공해준다. 게다가 지루하기까지 하다. 노벨상을 받은 시인 조지프 브로드스키는 언젠가 이렇게 말했다.

"지루함은 시간이라는 건물에 달린 창문이다. 사람들은 자칫 정신적 평형상태를 잃을까 무서워 이 창문을 무시하려는 경향이 있다. 하지만 지루함은 시간의 무한성 위에 나 있는 당신의 창이다. 일단 이 창이 열리면 그것을 닫으려 하지 말고, 반대로 활짝 열어라."

---

4   철학자 루드비히 비트겐슈타인이 한 말이기도 하다.

어떤 식의 방랑을 택하든, 시간낭비라는 생각에 기죽지 말기 바란다. 물론 선생님 말씀이 완전히 틀린 것은 아니다. 뭔가를 배우고 어떤 일을 마치기 위해서는 집중해야 하는 경우도 있다. 그러나 자연은 우리가 꿈꾸도록, 그러니까 정해진 경로를 벗어나도록 우리 몸을 설계해 놓았다. 1장에서 소개한 조너선 스쿨러 교수와 동료들의 연구를 기억하는가? 사람들이 《전쟁과 평화》를 읽는 동안 멍해졌다고 느끼는 빈도를 측정한 실험 말이다. 그런데 웬걸, 딴생각을 가장 많이 한 피험자들이 다양한 창의성 측정 과제에서는 제일 좋은 점수를 얻었다. 만약 이다음에 당신이 중요한 사안을 논의하는 도중 멍하니 창밖을 내다보는 모습을 선생님이나 회의 의장에게 들킨다면 단지 창의성의 문을 열고 있었을 뿐이라고 해명해도 좋겠다.

그리고 이 책을 읽는 도중 가끔씩 딴생각이 들었다면 그 방랑이 흥미롭고 창의적이며, 무엇보다도 즐거운 곳으로 당신을 데려다주었길 바란다.

참고자료

1장 · 멍때림과 딴생각이 시간낭비라고?

Epel, E. S., Puterman, E., Lin, J., Blackburn, E., Lazaro, A. and Mendez, W. B. (2013). 'Wandering minds and aging cells'. Clinical Psychological Science, 1, 75–83.

Ingvar, D. H. (1979). '"Hyperfrontal" distribution of the cerebral grey matter flow in resting wakefulness: On the functional anatomy of the conscious state'. Acta Neurologica Scandinavica, 60, 12–25.

—— (1985). '"Memory of the future" An essay on the temporal organization of conscious awareness'. Human Neurobiology, 4, 127–136.

Killingsworth, M. A. and Gilbert, D. T. (2010). 'A wandering mind is an unhappy mind'. Science, 330, 932–932.

Ottaviani, C. and Couyoumdjian, A. (2013). 'Pros and cons of a wandering mind: A prospective study'. Frontiers in Psychology, 4, Article 524.

Raichle, M. E., MacLeod, A. M., Snyder, A. Z., Powers, W. J., Gusnard, D. A. and Shulman, G. L. (2001). 'A default mode of brain function'. Proceedings of the National Academy of Sciences USA, 98, 676–682.

Schooler, J. W., Reichle, E. D. and Halpern, D. V. (2005). 'Zoning-out during reading: Evidence for dissociations between experience and metaconsciousness'. In D. T. Levin (ed.), Thinking and Seeing: Visual Metacognition in Adults and Children (pp. 204–226). Cambridge, MA: MIT Press.

Subramaniam, K. and Vinogradov, S. (2013). 'Improving the neural mechanisms of cognition through the pursuit of happiness'. Frontiers in Human Neuroscience, 7, Article 452.

2장 · 기억, 딴생각은 어디에서 오는가?

Corkin, S. (2002). 'What's new with the amnesic patient H.M.?'. Nature Reviews Neuroscience, 3, 453 – 460.

—— (2013). Permanent Present Tense: The Man With No Memory, and What He Taught the World. London: Allen Lane.

Kundera, M. (2002). Ignorance. New York: HarperCollins (translated from the French by L. Asher).

Loftus, E. and Ketcham, K. (1994). The Myth of Repressed Memory: False Memories and Allegations of Sexual Abuse. New York: St. Martin's Press.

Luria, A. R. (1968). The Mind of a Mnemonist: A Little Book about a Vast Memory. London: Basic Books.

Martin, V. C., Schacter, D. L., Corballis, M. C. and Addis, D. R. (2011). 'A role for the hippocampus in encoding simulations of future events'. Proceedings of the National Academy of Sciences USA, 108, 13858 – 13863.

Nabokov, V. (2000). Speak, Memory. London: Penguin Books.

Ogden, J. A. (2012). Trouble in Mind: Stories from a Neuropsychologist's Casebook. Oxford: Oxford University Press.

Raz, A., Packard, M. G., Alexander, G. M., Buhle, J. T., Zhu, H., Yu, S. and Peterson, B. S. (2009). 'A slice of π: An exploratory neuroimaging study of digit encoding and retrieval in a superior memorist'. Neurocase, 15, 361 – 372.

Sacks, O. (1985). The Man Who Mistook His Wife for a Hat and other Clinical

Tales. New York: Simon & Schuster.

Spence, J. (1984). The Memory Palace of Matteo Ricci. London: Faber & Faber.

Tammet, D. (2009). Embracing the Wide Sky. New York: Free Press.

Treffert, D. A. and Christensen, D. D. (2006). 'Inside the mind of a savant'. Scientific American Mind, 17, 55‒55.

von Hippel, W. and Trivers, R. (2011). 'The evolution and psychology of self-deception'. Behavioral and Brain Sciences, 34, 1‒56.

3장 · 딴생각이 닿을 수 있는 끝과 끝은 어디인가?

Clayton, N. S., Bussey, T. J. and Dickinson, A. (2003). 'Can animals recall the past and plan for the future?'. Trends in Cognitive Sciences, 4, 685‒691.

Darwin, C. (1896). The Descent of Man, and Selection in Relation to Sex (2nd edition). New York: Appleton.

Markus, H. and Nurius, P. (1986). 'Possible selves'. American Psychologist, 41, 954‒969.

Osvath, M. and Karvonen, E. (2012). 'Spontaneous innovation for future deception in a male chimpanzee'. PLOS ONE, 7, e36782.

Suddendorf, T. and Corballis, M. C. (2007). 'The evolution of foresight: What is mental time travel, and is it unique to humans?'. Behavioral and Brain Sciences, 30, 299‒351.

Suddendorf, T. and Redshaw, J. (2013). 'The development of mental scenario building and episodic foresight'. Annals of the New York Academy of Sciences, 1296, 135‒153.

Tulving, E. (1985). 'Memory and consciousness'. Canadian Psychologist, 26, 1‒12.

Wearing, D. (2005). Forever Today: A Memoir of Love and Amnesia. New York: Doubleday.

Addis, D. R., Wong, A. T. and Schacter D. L. (2007). 'Remembering the past and imagining the future: Common and distinct neural substrates during event construction and elaboration'. Neuropsychologia, 45, 1363 – 1377.

Corballis, M. C. (2013). 'Mental time travel: The case for evolutionary continuity'. Trends in Cognitive Sciences, 17, 5 – 6.

Dalla Barba, G. and La Corte, V. (2013). 'The hippocampus, a time machine that makes errors'. Trends in Cognitive Sciences, 17, 102 – 104.

Ekstrom, A. D., Kahana, M. J., Caplan, J. B., Fields, T. A., Isham, E. A., Newman, E. L. and Fried, I. (2003). 'Cellular networks underlying human spatial navigation'. Nature, 425, 184 – 187.

Gross, C. G. (1993). 'Huxley versus Owen: The hippocampus minor and evolution'. Trends in Neurosciences, 16, 493 – 498.

Macphail, E. M. (2002). 'The role of the avian hippocampus in spatial memory'. Psicologica, 23, 93 – 108.

Maguire, E. A., Woollett, K. and Spiers, H. J. (2006). 'London taxi drivers and bus drivers: A structural MRI and neuropsychological analysis'. Hippocampus, 16, 1091 – 1101.

Milivojevic, B. and Doeller, C. F. (2013). 'Mnemonic networks in the hippocampal formation: From spatial maps to temporal and conceptual codes'. Journal of Experimental Psychology: General. Advance online publication. doi: 10.1037/ a0033746.

O'Keefe, J. and Nadel, L. (1978). The Hippocampus as a Cognitive Map. Oxford: Clarendon Press.

Pastalkova, E., Itskov, V., Amarasingham, A. and Buzsáki, G. (2008). 'Internally generated cell assembly sequences in the rat hippocampus'. Science, 321,

1322 – 1327.

Smith, D. M. and Mizumori, S. J. Y. (2006). 'Hippocampal place cells, context, and episodic memory'. Hippocampus, 16, 716 – 729.

Suddendorf, T. (2013). 'Mental time travel: continuities and discontinuities'. Trends in Cognitive Sciences, 17, 151 – 152.

5장 · 우리는 어떻게 타인과 공감하는가?

Bloom, P. (2004). Descartes' Baby: How the Science of Child Development Explains What Makes Us Human. New York: Basic Books.

Call, J. and Tomasello, M. (2008). 'Does the chimpanzee have a theory of mind? 30 years later'. Trends in Cognitive Sciences, 12, 187 – 192.

Darwin, C. (1872). The Expression of the Emotions in Man and Animals. London: John Murray.

de Waal, F. B. M. (2012). 'The antiquity of empathy'. Science, 336, 874 – 876.

Grandin, T. and Johnson, C. (2005). Animals in Translation: Using the Mysteries of Autism to Decode Animal Behavior. New York: Scribner.

Hare, B. and Woods, V. (2013). The Genius of Dogs: How Dogs are Smarter than You Think. London: Oneworld Publications.

Humphrey, N. (1976). 'The social function of intellect'. In P. P. G. Bateson and R. A. Hinde (eds), Growing Points in Ethology (pp. 303 – 317). Cambridge, UK: Cambridge University Press.

Kovács, A. M., Téglás, E. and Endress, A. D. (2011). 'The social sense: Susceptibility to others'. beliefs in human infants and adults' Science, 330, 1830 – 1834.

Laing, R. D. (1970). Knots. London: Penguin.

Marks, D. F. and Kammann, R. (1980). The Psychology of the Psychic. Buffalo,

NY: Prometheus Books.

Premack, D. and Woodruff, G. (1978). 'Does the chimpanzee have a theory of mind?'. Behavioral and Brain Sciences, 1, 515–526.

Radin, D. I. (2006). Entangled Minds: Extrasensory Experiences in a Quantum Reality. New York: Paraview Pocket Books.

Randi, J. (1982). The Truth About Uri Geller. New York: Prometheus Books.

Suddendorf, T. (2013). The Gap: The Science of What Separates Us from Other Animals. New York: Basic Books.

Suddendorf, T. and Corballis, M. C. (1997). 'Mental time travel and the evolution of the human mind'. Genetic, Social, and General Psychology Monographs, 123, 133–167.

Taylor, M. (1999). Imaginary Companions and the Children Who Create Them. New York: Oxford University Press.

Whiten, A. and Byrne, R. W. (1988). 'Tactical deception in primates'. Behavioral and Brain Sciences, 11, 233–273.

Wimmer, H. and Perner, J. (1983). 'Beliefs about beliefs: Representation and constraining function of wrong beliefs in young children's understanding of deception'. Cognition, 13, 103–128.

6장 · 이야기는 어떻게 인간다움을 만드는가?

Abrahams, R. D. (1970). Deep Down in the Jungle: Negro Narrative Folklore from the Streets of Philadelphia. Chicago: Aldine.

Bateson, G. (1982). 'Difference, double description and the interactive designation of self'. In F. Allan Hanson (ed.), Studies in Symbolic and Cultural Communication (pp. 3–8). University of Kansas Publications in Anthropology No. 14. Lawrence: University of Kansas Press.

Boyd, B. (2009). On the Origin of Stories: Evolution, Cognition, and Fiction. Cambridge, MA: Belknap Press of Harvard University Press.

Corballis, M. C. (2002). From Hand to Mouth: The Origins of Language. Princeton: Princeton University Press.

Dunbar, R. I. M. (1998). Grooming, Gossip, and the Evolution of Language. Cambridge, MA: Harvard University Press.

Engel, S. (1995). The Stories Children Tell: Making Sense of the Narratives of Childhood. New York: W. H. Freeman.

Janet, P. (1928). L'Évolution de la mémoire et de la notion du temps: Leçons au Collège de France 1927 – 1928. Paris: Chahine.

Kidd, D. C. and Castano, E. (2013). 'Reading literary fiction improves theory of mind'. Science, 342, 377 – 380.

Mechling, J. (1988). '"Banana cannon" and other folk traditions between humans and nonhuman animals'. Western Folklore, 48, 312 – 323.

Niles, J. D. (2010). Homo Narrans: The Poetics and Anthropology of Oral Literature. Philadelphia: University of Pennsylvania Press.

Salmond, A. (1975). 'Mana makes the man: A look at Maori oratory and politics'. In M. Bloch (ed.), Political Language and Oratory in Traditional Society (pp. 45 – 63). New York: Academic Press.

Savage-Rumbaugh, S., Shanker, S. G. and Taylor, T. J. (1998). Apes, Language, and the Human Mind. New York: Oxford University Press.

Sugiyama, M. S. (2011). 'The forager oral tradition and the evolution of prolonged juvenility'. Frontiers in Psychology, 2, Article 133.

Thompson, T. (2011). 'The ape that captured time: Folklore, narrative, and the human-animal divide'. Western Folklore, 69, 395 – 420.

Trinkaus, E. (2011). 'Late Pleistocene adult mortality patterns and modern human establishment'. Proceedings of the National Academy of Sciences USA, 108, 1267-1271.

Turton, D. (1975). 'The relationship between oratory and the emergence of influence among the Mursi'. In M. Bloch (ed.), Political Language and Oratory in Traditional Society. New York: Academic Press.

7장 · 꿈과 무의식 속에서 우리의 정신이 찾아내는 것은?

Darwin, C. (1872). The Expression of the Emotions in Man and Animals. London: John Murray.

Foulkes, D. (1999). Children's Dreaming and the Development of Consciousness. Cambridge, MA: Harvard University Press.

Fox, K. C. R., Nijeboer, S., Solomonova, E., Domhoff, G. W. and Christoff, K. (2013). 'Dreaming as mind wandering: Evidence from functional neuroimaging and first-person content reports'. Frontiers in Psychology, 7, Article 412.

Freud, S. (1900). The Interpretation of Dreams. New York: Macmillan.

Hobson, J. A. (2009). 'REM sleep and dreaming: Towards a theory of protoconsciousness'. Nature Reviews Neuroscience, 10, 803-813.

Honikawa, T., Tamaki, M., Miyawaki, Y. and Kamitani, Y. (2013). 'Neural decoding of visual imagery during sleep'. Science, 340, 630-642.

Revonsuo, A. (2000). 'The reinterpretation of dreams: An evolutionary hypothesis of the function of dreaming'. Behavioral and Brain Sciences, 23, 877-901.

Saurat, M. T., Agbakou, M., Attigui, P., Golmard, J. L. and Arnulf, I. (2011). 'Walking dreams in congenital and acquired paraplegia'. Consciousness and Cognition, 20, 1425-1432.

Valli, K. and Revonsuo, A. (2009). 'The threat simulation theory in light of recent empirical evidence: A review'. American Journal of Psychology, 122, 17 − 38.

Wamsley, E. J. and Stickgold, R. (2010). 'Dreaming and offline memory processing'. Current Biology, 20(23), R1010.

8장 · 우리의 정신은 어떻게 환각 속에서 독특한 세계를 만들어내는가?

James, W. (1902). The Varieties of Religious Experience: A Study in Human Nature. London: Longmans, Green & Co.

Jaynes, J. (1976). The Origin of Consciousness in the Breakdown of the Bicameral Mind. New York: Houghton Mifflin.

McGilchrist, I. (2009). The Master and his Emissary: The Divided Brain and the Making of the Western World. New Haven, CT: Yale University Press.

Penfield, W. and Perot, P. (1963). 'The brain's record of auditory and visual experience'. Brain, 86, 596 − 696.

Rosenhan, D. L. (1973). 'On being sane in insane places'. Science, 179, 250 − 258.

Sacks, O. (2012). Hallucinations. New York: Random House.

Sireteanu, R., Oertel, V., Morh, H., Linden, D. and Singer, W. (2008). 'Graphical illustration and functional neuroimaging of visual hallucinations during prolonged blindfolding'. Perception, 37, 1805 − 1821.

Vitorovic, D. and Biller, J. (2013). 'Musical hallucinations and forgotten tunes case report and brief literature review'. Frontiers in Neurology, 4, Article 109.

Waugh, E. (1957). The Ordeal of Gilbert Pinfold. London: Chapman & Hall.

Zubek, J. P. (ed.) (1969). Sensory Deprivation: Fifteen Years of Research. New York: Meredith.

Baird, B., Smallwood, J., Mrazek, M. D., Kam, J. W. Y., Franklin, M. S. and Schooler, J. W. (2012). 'Inspired by distraction: Mind wandering facilitates creative incubation'. Psychological Science, 23, 1117 – 1122.

Campbell, D. T. (1960). 'Blind variation and selective retention in creative thought as in other knowledge processes'. Psychological Review, 67, 380 – 400.

Corballis, M. C. (1999). 'Are we in our right minds?'. In S. Della Sala (ed.), Mind Myths: Exploring Popular Assumptions About the Mind and Brain (pp. 25 – 2). Chichester: John Wiley & Sons.

de Bono, E. (1995). 'Serious creativity'. The Journal for Quality and Participation, 18, 12 – 19.

De Quincey, T. (1822). Confessions of an English Opium-Eater. London: Taylor & Hessey.

Edwards, B. (1979). Drawing on the Right Side of the Brain. New York: Penguin Putnam.

Ellamil, M., Dobson, C., Beeman, M. and Christoff, K. (2012). 'Evaluative and generative modes of thought during the creative process'. NeuroImage, 59, 1783 – 1794.

Huxley, A. (1954). The Doors of Perception. London: Chatto & Windus.

Jung, R. E., Mead, B. S., Carrasco, J. and Flores, R. E. (2013). 'The structure of creative cognition in the human brain'. Frontiers in Human Neuroscience, 7, Article 300.

Leary, T. (1983). Flashbacks: A Personal and Cultural History of an Era. Los Angeles: Tarcher.

Lucas, V. [Plath, S.] (1963). The Bell Jar. London: Heinemann.

Moore, D. W., Bhadelia, R. A., Billings, R. L., Fulwiler, C., Heilman, K. M.,

Rood, K. M. J. and Gansler, D. A. (2009). 'Hemispheric connectivity and the visual-spatial divergent-thinking component of creativity'. Brain and Cognition, 70, 267 – 272.

Mintzberg, H. (1976). 'Planning on the left side and managing on the right'. Harvard Business Review, 54, 49 – 58.

Ornstein, R. E. (1972). The Psychology of Consciousness. New York: Harcourt Brace.

Sagan, C. (1977). The Dragons of Eden: Speculations on the Evolution of Human Intelligence. New York: Random House.

Sperry. R. W. (1982). 'Some effects of disconnecting the cerebral hemispheres'. Science, 217, 1223–1226.

Stevenson, R. L. (1886). Strange Case of Dr Jekyll and Mr Hyde. London: Longmans, Green & Co.

딴생각의 힘

집중 강박에 시달리는 현대인에게 전하는
멍때림과 딴생각의 위력

1판 1쇄 발행 | 2016년 4월 5일
1판 2쇄 발행 | 2016년 4월 25일

지은이 | 마이클 코벌리스
옮긴이 | 강유리

펴낸이 | 박남주
펴낸곳 | 플루토
출판등록 | 2014년 9월 11일 제2014-61호

주소 | 04035 서울특별시 마포구 서강로 133(노고산동 57-39) 병우빌딩 815호
전화 | 070-4234-5134
팩스 | 0303-3441-5134
전자우편 | theplutobooker@gmail.com

ISBN 979-11-956184-2-2 03180

이 도서의 국립중앙도서관 출판시도서목록(CIP)은 서지정보유통지원시스템 홈페이지(http://seoji.
nl.go.kr)와 국가자료공동목록시스템(http://www.nl.go.kr/kolisnet)에서 이용하실 수 있습니
다.(CIP제어번호:CIP2016006950)